新时代背景下社区旅游
居民满意度提升路径研究

—— 以西南少数民族村寨为例

Xinshidai Beijingxia Shequ Lüyou
Jumin Manyidu Tisheng Lujing Yanjiu

—— Yi Xinan Shaoshu Minzu Cunzhai Weili

马东艳　薛荐戈　

西南财经大学出版社
Southwestern University of Finance & Economics Press

中国·成都

图书在版编目(CIP)数据

新时代背景下社区旅游居民满意度提升路径研究:以西南少数民族村寨为例/马东艳,薛荐戈著.—成都:西南财经大学出版社,2021.12
ISBN 978-7-5504-5231-2

Ⅰ.①新… Ⅱ.①马…②薛… Ⅲ.①少数民族—村落—社区—旅游业—居民生活—生活满意度—研究—西南地区 Ⅳ.①F592.77

中国版本图书馆 CIP 数据核字(2021)第 266294 号

新时代背景下社区旅游居民满意度提升路径研究:以西南少数民族村寨为例
马东艳 薛荐戈 著

责任编辑:邓克虎
责任校对:乔雷
封面设计:杨红鹰 张姗姗
责任印制:朱曼丽

出版发行	西南财经大学出版社(四川省成都市光华村街55号)
网　　址	http://cbs.swufe.edu.cn
电子邮件	bookcj@swufe.edu.cn
邮政编码	610074
电　　话	028-87353785
照　　排	四川胜翔数码印务设计有限公司
印　　刷	郫县犀浦印刷厂
成品尺寸	170mm×240mm
印　　张	12.25
字　　数	225千字
版　　次	2021年12月第1版
印　　次	2021年12月第1次印刷
书　　号	ISBN 978-7-5504-5231-2
定　　价	78.00元

前言

在改革开放40多年来国民经济持续发展的基础上，党的十八大以来党和国家事业取得了历史性成就、发生了历史性变革，中国特色社会主义进入了新时代。在新时代，人民对美好生活的向往催生了发展性、多样性以及复杂性的新需求。随着生活水平的提高，人民不仅对物质生活提出了更高要求，而且也越来越关注个人价值的实现和社会认同等非物质层面的需要，我们对此必须予以充分重视。习近平总书记多次强调，要时刻把人民的冷暖和感受放在心上，坚持"以人民为中心"，以人民满意为标尺，恪守人民利益至上的价值追求，把人民拥护不拥护、赞成不赞成、高兴不高兴、答应不答应作为衡量一切工作得失的根本标准，问政于民、问计于民、问需于民，着力解决好群众最盼最忧最关心最直接最现实的紧迫问题，真正做到权为民所用、情为民所系、利为民所谋。这既是保持我党与人民群众血脉相连的根基，也是鞭策各级领导干部为民更好谋发展、谋利益、谋幸福的方向和目标，从而不断提高人民群众的获得感、幸福感、安全感，使其共享现代文明的发展成果。

西南地区是我国少数民族聚集最多的地区，也是经济发展相对滞后的地区，中国传统农耕文明所形成的勤劳质朴和崇礼亲仁的特质和禀赋在这片广袤而神奇的土地上一代代继承、发扬、彰显，历久而弥新，成为我国强大文化自信的坚实基础和推动其自身发展进步的内生动力。保护和传承各民族优秀传统文化，同心共筑中国梦，是新时代创新推进民族工作的生动写照与奋斗目标。因此，如何利用好祖先留给我们的丰厚且宝贵的遗产，全力帮助少数民族和民族地区加快发展，不断满足新时代下各族人民群众对美好生活的向往，使其共享中华民族的现代化成果和新的光荣梦想，也是我国新时代区域发展的重点和难点。

作为既可以带来巨大经济效益，又能提高社会福祉的旅游业，受到了既拥有旅游资源又具有市场竞争优势的民族社区的青睐。社区旅游是一种以社区居民为旅游开发主体，依托社区内的各类资源载体，将社区发展与旅游开发相结合的旅游发展模式。社区旅游的可持续发展和成功不仅依赖于市场规模和旅游资源质量，而且离不开社区居民的理解、参与和支持。然而对于少数民族社区旅游而言，旅游开发是一把"双刃剑"。一方面，旅游开发促进了少数民族地区的旅游就业、经济结构调整、脱贫致富、社会稳定；另一方面，旅游开发也给民族村寨社区带来了一些负面影响，如旅游使本地环境污染（水、空气、噪音、垃圾等）加重、生活成本增加、社区居民与游客间的冲突加剧、贫富差距扩大、生活结构改变、原本和睦的邻里关系恶化、丧失了原本谋生的生产要素（土地）而补偿标准过低，等等。民族村寨社区居民具有资源利用主体和资源本体的双重身份特征，他们既是旅游影响的最真实、最直接的感受者，也是旅游开发的重要利益相关者，其对社区旅游的满意程度将直接影响他们对旅游开发的态度，进而影响当地旅游业的规划与建设，最终影响当地旅游经济的可持续发展。如何提升社区居民对发展旅游的满意度和参与热情，解决民族村寨社区旅游中出现的问题，使村寨居民、政府、开发商均能实现和谐共赢的发展，成为迫切需要解决的现实问题。

通过相关文献的整理、研究以及对西南多个民族村寨社区旅游的实地调研，笔者发现获得居民对社区旅游的支持一直是业界和学术界关注的重要议题，但探究影响民族村寨社区旅游居民满意度的内在机理以及提升路径的研究成果还较为鲜见。而研究表明，提高民族村寨居民在社区旅游中的地位和满意度，不仅是新时代不断健全推动民族团结、共同缔造包容性更强、凝聚力更强的中华民族命运共同体的需要；也是我们党和政府坚持科学发展观，强调"以人为本"，使少数民族与民族地区同全国一道共建美好家园、共创美好未来，实现现代化建设的需要。因此，新时代背景下加强对少数民族村寨社区旅游居民满意度的提升路径研究具有重要的理论和现实意义。

本书的研究着眼于民族村寨社区旅游影响居民满意度的关键因素，以及这些因素的影响过程和影响程度，分析其对居民满意度的影响机理，以此进一步探讨提升民族村寨社区旅游居民满意度的实施路径。笔者认为以往学者引入西方的社区参与理念，提升居民社区旅游满意度，这是需要重视的因素，在理论上有助于解决社区与基层政府或开发商之间的矛盾。然而从各地实践来看，社区参与是表面性的、象征性的，大多的社区参与更多停留在建议或字面上，很难落实到具体的行动中，因为实践中的社区参与不过是成为一种更好指导社区认识并接受外部所形成的旅游发展决议所带来的好处的技术过程，社区参与仅允许社区对即将实施的规划、建议以及旅游发展等内容在很小范围内做出反应，社区并未被真正当作占主动地位的开发主体、管理主体以及利益主体来对待，社区无权对旅游开发的制定与实施发表意见，更不可能直接参与旅游决策，社区参与的实质是社区通过与外部力量抗衡取得某种程度的控制权的过程。也就是说，社区能否以及在多大程度上取得主导地位，取决于社区与开发商、基层政府之间的博弈。

社区参与在实践中举步维艰的情况引起了笔者的思考。本书研究的目的就是探索在民族村寨社区旅游实践中，打破并重新分配非平衡的权利关系，使社区居民获取旅游发展的决策权与控制权，保障社区居民在旅游开发中的利益最大化，有效增加社区福利，使社区居民能积极主动地参与社区旅游的发展，让旅游为我所用而不是我为旅游所用。

为了实现上述目的，本书的研究对主要内容做了如下安排：

第一，开发了民族村寨社区旅游居民满意度测量量表。本书在文献研究和对居民深层访谈的基础上开发了符合我国西南地区民族村寨社区旅游实际情况的居民满意度测量量表，并利用 SPSS 20.0 和 AMOS 20.0 软件对量表进行了系统的统计分析与修正检验，最终确立了一个由 33 个测量题项构成的包括旅游增权、社区参与、旅游影响、感知公平、居民满意度五个维度的民族村寨社区旅游居民满意度测量量表。同时，构建了基于上述五个变量在内的自变量、中介变量和因变量相互关系的结构方程模型。根据所开发出的民族村寨社区旅游居民满意度测量量表，选择西南地区典型的民族村寨——四川省阿坝藏族羌族自治州理县桃坪羌寨、四川省甘孜藏族自治州丹巴县甲居藏寨进行了问卷调查。分析结果发现：所开发和建立的民族村寨社区旅游居民满意度测量量表及模型在理论层面基本科学和合理，在实践层面具有较强的操作性与可行性，实现了对民族村寨社区旅游居民满意度从定性研究到定量研究的深化。

第二，探明了潜变量的内在影响机理。研究发现：旅游增权、社区参与、旅游影响、感知公平是影响民族村寨社区旅游居民满意度的几个重要指标变量。旅游增权、社区参与、感知公平、旅游影响与居民满意度之间存在显著的正相关关系。在几个重要的影响因素中，感知公平对居民满意度的直接影响效果值最大，而旅游增权对居民满意度的总影响效果值最大。民族村寨社区旅游的可持续发展必须立足于公平的基础上，对政府、开发商和居民在社区旅游中的权益进行分配。因此，必须在法律和制度上对居民的权益进行保障。

第三，提出了民族村寨社区旅游居民满意度优化路径。笔者利用均值法对目前民族村寨社区旅游居民满意度现状进行了分析，发现居民满意度的整体感知为"差"。从维度层面看，旅游增权、社区参与、感知公平、居民满意度四个维度上的感知均为"差"，旅游影响的两个子维度——旅游积极影响感知为"良"、旅游消极影响感知为"优"。据此，笔者提出民族村寨社区旅游应建立合理的旅游资源产权制度、实行社区旅游入股合作制度、加强社区能力建设、建立和完善利益诉求机制、用法律制度保障居民的社区参与权、建立有效的监督机制、提高民族村寨社区旅游的发展水平等对策建议，优化民族村寨社区旅游居民满意度的路径，以提升居民社区旅游的满意度。

本书的特色体现在：

第一，目前对居民满意度的研究主要集中在城市社区居民，研究的内容主要集中在社区提供的服务和医疗等方面，关于民族村寨社区旅游居民满意度的研究比较匮乏，缺乏实践指导性，尤其是定量研究更为薄弱。本书弥补了这方面的不足。

第二，本书研究并指出了民族村寨社区旅游居民满意度的形成机制及影响因素。本书初步构建并验证了民族村寨社区旅游居民满意度概念模型，深刻剖析了民族村寨社区旅游居民满意度的形成机制，对民族村寨社区旅游居民满意度的影响因素进行了有效测度并揭示出了各影响因素的影响程度及影响机理，进一步证明了该模型的正确性与适用性，为民族村寨社区旅游的可持续发展提供了理论依据。

第三，本书揭示了居民对社区旅游不满意的主要原因是居民无权以及不公平、不公正的现实。与以往研究相比，本书深刻剖析了现有文献仅从居民社区参与角度或者旅游收益分配机制方面研究居民满意度的局限性和表面性，提出了符合民族村寨社区旅游实际情况的对策建议，不仅突破了目前业界对社区旅游研究的不足，而且对经济发展和构建和谐社会都有重要的意义。

在本书的撰写过程中四川大学博士生导师毛道维教授给予了许多指导，在本书的出版过程中西南财经大学出版社也给予了很多帮助，在此一并致以衷心感谢。此外，本书的出版得到了四川省科技厅软科学项目"四川民族地区文旅融合机制创新与推进路径研究"（项目编号：2021JDR0251）和攀枝花学院培育项目"乡村振兴下攀枝花民族村寨传统文化传承路径创新研究"（项目编号：2020ZD010）的资助。

尽管笔者力求做到学术研究的严谨性与科学性，但是囿于时间、人力、财力以及民族村寨调研过程中的语言障碍等条件的限制，本书研究的变量指标选取以及样本代表性等方面有待进一步优化，需要在未来的研究中弥补所存在的缺陷和不足。

马东艳、薛荐戈

2021 年 8 月

目录

第 1 章　绪论

我国是由 56 个民族组成的统一的多民族国家。改革开放 40 多年来，各族人民在中国共产党的带领下，告别贫困，跨越温饱，全面建成小康社会。保护和传承各民族优秀传统文化，全力帮助少数民族和民族地区加快发展，不断满足各族人民群众对美好生活的向往，开启中华民族一家亲、同心共筑中国梦的发展历程，是新时代我国民族工作创新推进的鲜明特征。

随着改革开放的深入展开和不断推进，少数民族地区或主动或被动地参与到现代化建设的进程中。民族地区因历史原因，在空间上往往远离中心城市，物质比较匮乏、基础设施建设和经济发展落后、可进入性较差，在地理和区位上没有优势，但也正因为长期的地理切割和与外界隔离，使其厚重的民族文化、传统浓郁的民族风情以及原始的自然风光得以较好保存，形成了旅游开发的天然优势和良好基础。

随着旅游时代的到来，旅游业不断向各地蔓延，并彰显出巨大的政治、经济和社会等多重效益。旅游开发作为推动民族地区经济发展的巨大动力也日益受到国家和民族地区地方政府的积极关注与大力支持。在党中央"加快少数民族和民族地区发展繁荣""旅游带动乡村振兴"和"旅游脱贫致富"的号召下，这些长期处于经济疲软，既无工业带动又无发展农业良好优势的民族地区，十分迫切需要除工农业以外的第三条发展道路。在发展和现代化理念的驱动下，有效利用民族地区的传统文化优势，将存量资源盘活并不断转化为流量资源，"让村寨里的群众生活得更美好""使村民能够安居乐业""提高村民的幸福指数""让城里的人看得见水、望得见山、记得住乡愁"成为指导当地社会发展最强有力的声音和社会核心价值观。

为充分发挥民族地区的地方优势，增加当地就业机会、改善当地人民的生活质量、提高当地人民的收入、为当地社区谋福利，就成为提高村民收入和地方财政的双赢策略。作为记录某一历史时期典型风貌习俗特色，传承各民族传统生活气息，具有很高历史认知和审美观赏价值的民族村寨，凭借其独特的人文地理景观和别具魅力的民俗风情就成为民族地区当地政府打造的亮点工程。

本章主要对本书的研究背景、研究问题、研究目的、研究意义、研究思路、研究内容、研究方法、研究的技术路线、研究的创新点等进行介绍。

1.1 研究背景

1.1.1 现实背景

1.1.1.1 民族村寨社区旅游对当地社会经济发展的巨大推动作用

改革开放后，尽管西部少数民族地区发生了翻天覆地的变化，很多村民也都外出务工，但是他们的收入非常有限，少数民族地区的经济条件在某种程度上远远落后于西部其他地区，更不要说东部地区了。旅游是一种"移动"文化，发展旅游能为目的地社区带来新的理念、新的知识以及金钱、物品和各种社会联系，可以打破目的地原有的"封闭"与"固定"的社会格局，使各种现代化要素与当地交汇并进行激烈碰撞，从而急剧推动社区在政治、经济、环境和意识等方面的现代性变迁，使目的地社区变得更加现代化。所以，作为朝阳产业、无烟产业、现代化力量的旅游业，在担负边远地区振兴和少数民族发展重要使命的同时，成为国家、地方政府、市场以及社区发展的重要策略。

少数民族地区旅游资源的独特性、异质性、地方性和差异性使之成为当地社区的宝贵财富。将旅游资源开发出来既是国家旅游扶贫的必然，同时也是积极响应旅游带动地方经济发展政策的需要。墨菲（Murphy）早期的研究表明，社区旅游既是一种产品体系，又是一系列旅游发展所依赖的资源的集合，社区本身构成吸引物，从而成为旅游体验的客体。民族村寨社区旅游是以少数民族村寨社区为旅游目的地，以民族村寨人文景观、民俗风情和自然风光为旅游吸引物，以体验异质文化与生活为目的，集乡村旅游与民俗旅游于一体的综合性旅游活动。民族村寨旅游作为乡村旅游的重要组成部分，在增加民族村寨当地居民的就业岗位、提供新的收入来源、解决贫困问题、促进当地经济结构调整和社会稳定等方面起到了积极的推动作用。大量事实研究表明：加强区位偏远、经济欠发达的民族村寨社区旅游开发与发展，是推动民族地区经济腾飞、实现民族地区复兴和繁荣、维护民族地区持续稳定的关键，也是建设和谐社会的必然要求。

1.1.1.2 民族村寨社区旅游引发的纠纷与矛盾日益凸显

民族村寨社区旅游是有别于城中村或周边其他类型社区旅游的一种旅游形态和旅游模式，不但旅游吸引物与上述旅游地存在较大差异性，最为关键的是民族村寨社区旅游资源特别是文化旅游资源，更多潜藏于当地居民社会生活的方方面面。因此，作为当地农村经济补给形式的民族村寨社区旅游只有广泛动员社区居民、充分尊重居民意见并最终使社区居民获益，才能使社区旅游获得可持续发展。少数民族村寨内的居民既是旅游资源的利用主体，又是民族传统文化的"活态"载体，居民本身也是民族村寨社区旅游资源的重要组成部分，民族村寨居民具有资源利用主体和资源本体双重身份特征。因此，民族村寨居民本应在旅游开发与发展中处于中心和主流的地位并分享旅游开发所带来的巨大成果。

社区居民的弱势地位使其在各种权力结构中被边缘化、被排斥，他们无法真正进行社区参与、无法公平分享旅游收益，但却不得不承担旅游开发与发展造成的环境成本、社会成本、文化成本与机会成本等各种成本。居民由此对社区旅游悲观失望、愤怒、怨恨，这种群体性的失落感和剥夺感往往容易导致居民对社区旅游的集体抵制，并成为影响民族地区社会稳定与经济建设的一个突出问题。关注民族村寨社区弱势群体，找寻一种有效而可行的办法，提高社区居民在社区旅游中的地位和满意度，以减少社区居民"边缘化"问题，不仅是社区建设与发展的重点，而且也是我们党和政府坚持科学发展观，强调以人为本，加强人文关怀的重要体现。

1.1.2 理论背景

1.1.2.1 居民满意度理论研究的迫切需要

民族村寨社区旅游开发与发展除了具有一般旅游开发与发展所面临的旅游影响、居民与游客的关系、旅游收益分配、旅游环境与资源保护等共性问题外，还涉及民族旅游文化的传承与可持续发展问题、民族地区的和谐与稳定等众多问题。国外学者 Lankford 研究指出，社区居民对发展旅游业的态度是决定社区旅游能否成功开展的关键。随着民族村寨社区居民与政府或旅游开发商矛盾的不断升级以及由此引发的各种恶性冲突事件的频繁出现，对社区旅游居民满意度的研究成为中外学者共同关注的焦点问题。基于这一背景，本书构建了民族村寨社区旅游居民满意度结构方程模型，深入分析了影响民族村寨社区旅游居民满意度的重要影响因素以及各因素的影响机理，并有针对性地提出了提升民族村寨社区旅游居民满意度的对策措施，这对丰富和完善居民满意度理论具有重要的理论意义和参考价值。

1.1.2.2 现有理论解释居民满意度的局限性

以往对民族村寨社区旅游居民满意度的研究主要集中在社区参与旅游发展理论、社区交换理论、利益相关者理论、博弈论理论等理论研究方面，这些理论被认为是解决民族村寨社区旅游矛盾纠纷的重要理论依据。但实践证明，这些理论均没有看到民族村寨社区旅游引发矛盾冲突的实质是社区居民无权的现状。缺乏对居民满意度本质问题的根本性认识，在实践中必然不能解决现实问题，这种研究视野的局限性导致了学者们所开出的"药方"只能"治标"而不能"治本"。社区居民不能参与旅游规划、决策与管理，同时政府关于旅游的各项政策缺乏对居民意见的调研和考虑，以及经济上不能合理分享本该获得的旅游收益等一系列问题，都是缺乏对社区居民权力的赋予与保障造成的。为了突破现有理论研究视角的局限性，本书的研究引入了旅游增权理论并加强了对社区参与理论、交换理论、公平理论、满意度理论等理论的整合与渗透，进而探究民族村寨社区旅游居民满意度的内在逻辑，不但增强了理论对社区旅游居民满意度的解释力度，而且必将有助于推动社区旅游更好更快的发展。

1.2 研究问题

我国是一个少数民族较多的国家，而少数民族聚居的民族村寨，多年来以其纯朴宁静、古朴神秘、原生态的优美自然环境，浓郁的民族风情，原始而古老的生活习俗形成了数量众多、类型多样、各具特色、承载民族发展印迹和传统文化特色的民族旅游景观，被称为民族传统文化的"活化石"。这些保存着传统文化精髓，体现各民族多样性生存智慧的民族村寨凭借着其得天独厚的旅游资源日益成为具有特色的旅游目的地，对国内外的游客有着巨大的吸引力。

然而这些记录中华民族某一历史时期典型风貌习俗特色，传承各民族传统生活气息，具有很高历史认知、情感依托、审美观赏、别具特色、生态与经济文化价值的民族村寨在旅游开发与发展过程中缺乏对当地社区居民权益的尊重与保护，导致旅游开发和发展过程中矛盾纠纷不断。如果长期忽视居民的态度和利益，当这种负面影响不断累积到一定程度又没有得到及时解决的时候，就会发展成为矛盾冲突。随着旅游开发与发展的推进，在一些地区旅游冲突有愈演愈烈之势，甚至出现了严重的公然对抗事件、群体性事件，使得本应成为民族文化资源保护者的居民，对于旅游开发与日常管理极不配合。暴力抗争的集体行动因维权成本过高而不太可能重复，作为理性行动者的村民，转而选择更加温和、隐蔽的"日常抵抗"形式，而这样做的直接后果就是使作为文化景观的创造者和践行者的居民开始破坏原有的村寨人文景观和独特的自然环境，让许多本来充满生机与活力、具有浓郁民族特色的村寨，在逐渐失去其特有的民族特色和地域特色的同时，也将一个民族的精神依托彻底割裂，民族的文化遗存和精神个性也将随之彻底消失。

如何提高村寨居民在社区旅游中的满意度？如何使民族村寨社区旅游获得当地居民的支持？如何促进旅游发展与当地居民实现双赢？如何实现民族村寨社区旅游业的长期和谐与可持续发展？这些已经成为旅游界研究者和各地方政府共同关注的热门课题。本书拟解决这样一个问题：尝试运用结构方程构建民族村寨社区旅游居民满意度模型，该模型包括五个潜变量，即旅游增权、社区参与、旅游影响、感知公平和居民满意度，从而对影响民族村寨社区旅游居民满意度的关键因素进行系统研究，并依据各因素的相应影响程度指导民族村寨社区旅游的发展。

1.3　研究目的

本书希望达到以下三方面的目的：

（1）在对国内外大量相关文献进行梳理的基础上，结合民族村寨社区旅游居民满意度的深度访谈结论，运用旅游增权理论、社区参与理论、社会交换理论、公平理论、满意度理论，解释影响民族村寨社区旅游居民满意度的关键因素以及各因素的影响机理。目的在于指出社区居民能否主导和在多大程度上主导社区旅游取决于居民所获权力的程度，只有从制度上保障居民权利的实现才是提升居民社区旅游满意度的核心。

（2）以中国西南地区著名的民族村寨——四川省阿坝藏族羌族自治州理县桃坪羌寨、四川省甘孜藏族自治州丹巴县甲居藏寨为例，运用 SPSS 20.0 和 AMOS 20.0 软件对所建构的民族村寨社区旅游居民满意度模型进行假设检验，旨在论证所构建理论模型的正确性。

（3）基于民族村寨社区旅游居民满意度的研究结论，提出了提升民族村寨社区旅游居民满意度的路径，旨在为民族村寨社区旅游的管理者或开发商就如何使民族地区的社区旅游获得当地村寨居民的支持提供建议，以促进民族村寨社区旅游的健康和可持续发展。

1.4　研究意义

本书具有重要的理论价值和现实意义，主要表现在以下两方面：

（1）以往对民族村寨社区旅游的研究主要是基于旅游开发者和旅游决策者的立场上，以民族村寨如何开发与发展为切入点，以如何获得经济效益为目标，以游客满意度为研究重点，以如何满足游客需求让游客成为旅游体验的最大受益者为研究对象，而对当地居民在社区旅游中的需求与满意度却很少关注。近年来，随着民族村寨作为一类特殊旅游目的地的广泛兴起，民族村寨社区旅游的和谐发展问题日益引起学术界的关注。但是，目前对民族村寨社区旅游的研究主要是从旅游地理学、人类学、民族学等学科领域进行，偏向于宏观定性层面的研究较多。虽然也有一些学者对居民社区旅游满意度进行了定量研究，但主要是比较研究，缺乏更为严谨、科学、系统的实证研究。本书深刻解析了影响民族村寨社区旅游居民满意度的因素以及各因素的内在影响机理，并构建了民族村寨社区旅游居民满意度的结构方程模型，不仅提供了一种民族村寨社区旅游居民满意度的测量方法和管理理念，而且为民族村寨社区旅游的和谐发展提供了新的理论依据，因此，具有重要的理论价值。

（2）民族村寨是少数民族地区基本的生产和生活单位，也是加强寨内居民凝聚力与向心力，培养居民之间具有祥和、团结与合作精神的桥梁与纽带。整个村寨就是一个相互依存、相互影响、荣辱与共的细胞群体。近年来，随着旅游业在我国国民经济中战略性支柱产业地位的确定，迎来了旅游业在全国范围内的繁荣与发展，而作为可以让城里人摆脱喧嚣、释放压力、回归自然的民族村寨成了新时期具有独特魅力的旅游首选地。在大量人流、物流、信息流的冲击下，村寨居民不可避免地产生了社会文化与经济利益上的失衡感，个人无所适从的忙乱感和与社会的距离感，尤其是随着客游源源不断地涌入，加剧了当地生态环境的损耗和破坏，同时又不可避免地造成当地物价水平上涨、犯罪率上升、邻里关系恶化、村寨贫富差距进一步拉大等负面影响，使旅游业与居民之间的对抗和冲突凸显。特别是我国西南地区的少数民族村寨多集聚在老、少、边等社会经济基础薄弱和产业结构不合理的贫困地区，其人口受教育程度相对偏低，经济贫困，人们思想保守，而原生态的自然环境与人文环境又极其脆弱。进行西南地区民族村寨社区旅游居民满意度的研究不仅是保护民族地区珍贵旅游资源，落实国家旅游扶贫政策，促进民族地区经济发展繁荣，维护民族地区稳定和谐的需要，而且是我们党继续落实科学发展观，强调以人为本的现实体现，因此，具有十分重要的现实意义。

1.5　研究思路

影响民族村寨社区旅游居民满意度的关键因素究竟有哪些以及这些因素又是如何影响居民满意度的是本书需要着力解决的问题。首先，本书通过对大量文献进行梳理与归纳，明确界定了旅游增权、社区参与、旅游影响、感知公平和居民满意度等相关概念以及各变量与居民满意度的关系，在充分借鉴既有满意度概念模型基础上架构了民族村寨社区旅游居民满意度理论模型。其次，本书在文献研究法、旅游学专家咨询法以及居民深度访谈的基础上，结合对西南地区民族村寨的实际调研，开发了民族村寨社区旅游居民满意度测量量表。为了保证所开发量表的可靠性、有效性和科学性，在严格按照量表开发的科学程序前提下，运用相应的统计软件对所开发的量表进行了必要的检验与分析，最终确立了一个包含 5 个维度 33 个题项的民族村寨社区旅游居民满意度测量量表。再次，用所开发的量表对四川省阿坝藏族羌族自治州理县桃坪羌寨、四川省甘孜藏族自治州丹巴县甲居藏寨社区旅游居民满意度进行了验证和分析，并对结果进行了解释和说明。结合调研情况就如何提升民族村寨社区旅游居民满意度提出了相关的建议。最后，在得出本书结论的同时对研究中存在的不足和缺陷进行了探讨并提出了后续研究的方向。

1.6　研究内容

第 1 章 绪论。其主要是提出研究背景、研究问题，针对这些问题，阐述研究目的、研究意义、研究思路、研究内容、研究方法并最终形成本书的技术路线，提出本书的特色与创新点。

第 2 章 文献综述。本章对民族社区以及社区旅游、顾客满意及顾客满意度、满意度测量、顾客满意度指数模型、居民满意度定义、居民满意度指数模型等相关文献进行了梳理与述评。

第 3 章 理论基础与理论回顾。针对本书中民族村寨社区旅游居民满意度模型中研究变量所涉及的相关理论——旅游增权理论、社区参与理论、社会交换理论、公平理论、满意度理论进行回顾与阐述，为民族村寨社区旅游居民满意度"概念模型"的提出奠定理论基础。

第 4 章 研究假设的提出及理论模型的构建。根据第 3 章中的相关理论以及经验研究的逻辑关系推导出本书的研究假设，并建立以旅游增权为自变量、社区参与、旅游影响、感知公平为中介变量，居民满意度为因变量的理论模型。

第 5 章 研究背景、量表开发与样本预试。基于文献研究、访谈研究和量表开发的理论形成初始量表和测量题项，然后结合案例地的具体情形通过小样本预试对初始量表进行调整和修正，删除不合适的题项，最终形成正式量表。

第 6 章 大样本调查与数据质量评估。本章主要对收集到的大样本数据利用 AMOS 7.0 统计软件进行验证性因子分析并对数据质量进行初步评估。

第 7 章 假设检验与结果分析。本章首先分析了控制变量的影响作用，继而通过结构方程建模技术对本书的理论模型和相关假设进行检验，并对结果进行分析和解释说明；其次就社区参与、旅游影响和感知公平的中介传导作用以及路径关系中的影响效果进行分析；最后根据实证研究的结论，分析民族村寨社区旅游影响居民满意度的因素并提出相应的建议和措施。

第 8 章 研究结论与展望。对本书的研究成果进行总结，探讨本书的研究局限以及对未来研究的展望。

1.7　研究方法

1.7.1　文献研究法

文献研究法是根据研究目的，通过对文献的收集、鉴别和整理获得对事实认识的一种较为全面、科学的研究方法，也是学术界比较常用的古老而通用的研究方法。这种研究方法能够清晰展示当前学术界对该问题研究的最新成果，使研究者可以快捷、方便、经济的获得当下的二手资料。通过查阅大量国内外相关文献，在对文献认真梳理下，厘清该研究领域和研究方向取得的成果和存在的不足，从而确定本书的理论基础和研究方向。为保障研究的科学性与严谨性，本书的所有研究资料均来源于相关领域的权威期刊和权威数据库以及民族村寨所在地的县政府、旅游局、文化局等官方网站，上述这些资料共同构成了本书的文献基础。具体而言，本书对研究所涉及的旅游增权、社区参与、旅游影响、感知公平、居民满意度等相关文献进行查阅、梳理、分析和归纳总结，厘清了相关文献的研究现状，形成了本书的研究方法与研究思路，并为民族村寨社区旅游居民满意度测量量表和问卷设计奠定了宝贵的理论基础。

1.7.2　问卷调查法

问卷调查法也是学术研究中使用较为广泛的一种研究方法。问卷调查法主要是因研究需要，通过编制与研究目标相关的一组问题，或者说是一份详细周密的问题表格（即调查表），让被调查者据此按要求进行回答，然后通过对问卷的回收和整理，借助统计方法进行定量描述和分析，从而对所研究的问题进行准确、具体的测定和度量，进而获得所需调查资料的一种研究方法。问卷调查法的优点在于成本低和标准化，主要用于获得第一手的资料和数据，但问卷的设计必须规范并可计量。由于本书所需要的数据不是可以直接测量的经济数据，拟通过问卷调查获得实证研究所需的样本数据。在相关问卷研究的基础上，开发出民族村寨社区旅游居民满意度测量量表并以民族村寨社区内的居民为调查对象进行问卷的发放和收集，经过对回收问卷的统计分析寻找研究变量之间的关系，为探讨民族村寨社区旅游居民满意度的影响因素与影响路径提供参考。

1.7.3　参与观察法

参与观察法是人类学和社会学常用的研究方法和研究途径。参与观察法是指研究者深入研究对象的生产和生活实际中，以亲临现场的方式获取第一手研究资料的研究方法。参与观察法主要是从局内人而非局外人的视角对研究事件的发展过程、事件连贯性以及模式等研究者所关注的问题进行发掘和分析。这种研究方法便于研究者窥察研究对象的全貌，可以深入体察被调查对象的价值取向和思维习惯，而且这种调查方法能获得调查对象内部的深层关系，更易了解和发现调查事件的真相和本质，但这种调查方法需要调查者与研究对象之间建立良好的信任与合作关系。

笔者从 2017 年 8 月至 2019 年 8 月对案例地进行了 4 次调查，实地调查累计时间近 3 个月，通过参与当地社区居民的劳动、生活和集体活动，与当地居民建立起了广泛的社会互动和良好的研究合作关系。同时，通过长期对社区旅游活动、交往活动等进行深入观察，基本厘清了目标社区的现状和发展概况，尤其是对少数民族群体异于外界的生活方式和一些价值理念等深层文化因素有了更深的理解，这也为笔者进行后期研究提供了线索。通过多次近距离的沟通和接触，让笔者窥见自身文化价值观和思维模式的局限性，从而能更好地以村民的视角和思维去审视当地社区旅游发展。

1.7.4 深度访谈法

深度访谈法又称为深层访谈法，是指调查员与被调查者之间展开的直接的、无结构的、单独的、面对面的自由交谈，以推动被调查者表述个人观点和经验，从而方便访谈与深入分析，发觉受访者对某一问题的潜在信念、情感、动机、看法与态度等。深度访谈法是质性研究中常用的资料收集方法，通过双方问、答的互动过程对相关问题进行澄清，从而确认受访者的行为认知与内心的真实感受。深度访谈法既可以获得从参与观察中无法获得的信息和资料，又便于研究者纠正一些偏见与思维定式，发现不曾预见的研究内容和研究方面，提升对研究问题的多角度深入认知，从而更好地审视问题的全面性。

笔者在多个目标社区中选取了政府及相关职能部门人员、旅游开发企业负责人、社区旅游组织负责人、NGO 组织（非政府组织）、社区居民等不同身份的相关利益者群体代表，在兼顾受访者的年龄、性别、经济条件、受教育程度、职业等要素前提下，对其进行多次深度访谈，并据此进一步修订了民族村寨社区旅游居民满意度测量量表和研究的理论模型，增强了量表和模型的合理性、可靠性与科学性。另外，围绕"您对目前村寨社区旅游发展满意吗？""您对民族村寨景区发展有哪些建议？"等核心问题，着重了解所选典型民族村寨居民对社区旅游发展的评价和态度，了解并收集民族村寨居民感知的权利现状、利益诉求现状、旅游影响以及感知公平和居民满意度现状，总结和提炼关键表述以获得居民满意度的变量因素，定性分析民族村寨居民对社区旅游的态度。

1.7.5 案例研究法

案例研究法从研究范式来讲属于实地研究或实证研究。案例研究法是研究者以一个或几个场景为研究对象，进行深入研究，通过对资料和数据的系统收集，用以探讨某一事件或某一现象在实际环境下的状况。案例研究法是从经验事实走向理论的一种研究工具。根据研究需要，本书选取西南地区开展社区旅游的桃坪羌寨、甲居藏寨两个典型民族村寨作为案例点进行现场实地调研，通过对其进行定性分析和解剖以及定量分析与评价，探求或发现潜在的一般规律或特殊性，以更好地对本书结论进行佐证和说明，从而提升实证研究的实效性。上述两个民族村寨分别是羌族、藏族文化特征的典型代表，因其独特的民族风情、优美的田园风光以及历史悠久的民居建筑，吸引了国内外众多游客前去观光旅游。本书针对这两个案例点进行实地调研、分析与解剖，从中揭示并提炼出了影响民族村寨社区旅游居民满意度的路径作用机制与一般规律。

1.7.6 数理统计分析法

本书首先通过对案例点的实地调研，获取了西南民族地区多个民族村寨社区旅游居民的旅游增权、社区参与、旅游影响、感知公平、居民满意度等相关的调查数据，在此基础上运用 SPSS 20.0 软件进行描述性统计分析、探索性因子分析、相关性分析与回归分析等数理统计和分析；其次运用 AMOS 20.0 结构方程软件实现对本书中所提出来的民族村寨社区旅游居民满意度模型的检验和论证，为揭示旅游增权、社区参与、旅游影响、感知公平和居民满意度之间的路径和机制提供了强有力的支持工具。通过数据研究的结论并针对西南地区的具体情况，最终提出民族村寨社区旅游居民满意度的提升路径。

1.8 研究的技术路线

研究技术路线图见图 1.1。

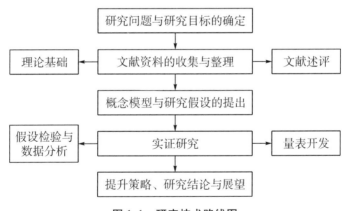

图 1.1 研究技术路线图

1.9 研究的创新点

本书的创新点体现在以下三方面：

（1）开发了民族村寨社区旅游居民满意度测量量表。在借鉴国内外相关满意度研究的基础上，针对我国民族村寨社区旅游的客观现实，开发了民族村寨社区旅游居民满意度测量量表，经过统计检验表明该量表具有较高的信度和效度，从而弥补了社区旅游居民满意度定量研究中的空白以及现有文献对民族村寨社区旅游居民满意度的维度界定和识别存在特定情境不一致的局限性，为后续的经验研究提供了一个有效的测量工具，从而有助于推动居民满意度理论的深入研究。

（2）本书首次构建了民族村寨社区旅游居民满意度模型，并将旅游增权作为一个自变量引入该模型中，同时深度剖析了影响民族村寨社区旅游居民满意度的因素以及各因素的影响程度和影响机理，并进一步证明了该模型的正确性与适用性，为民族村寨社区旅游的可持续发展提供了理论依据。

（3）提出了民族村寨社区旅游居民满意度优化路径，为解决民族村寨社区旅游居民与政府或开发商之间的矛盾冲突寻求了一条可以借鉴的路径，对促进旅游发展的公平性和可持续性提供了新思路。

第 2 章　文献综述

2.1　社区旅游相关研究

2.1.1　社区的概念

人类对社区的研究最早可追溯至古希腊，希腊语中社区的含义是指"友谊"或"团契"。自柏拉图以来，社区一直是人类社会重要的研究内容。亚里士多德、欧文、傅立叶等从各自的立场和角度都对社区进行过技术层面的研究。19 世纪末，德国社会学家 Ferdinand Tonnies 在其所著的《社区与社会》一书中最早对社区进行了系统的研究，认为社区是价值观念相同的同质人口组成的关系密切、守望相助、存在一种富有人情味的社会团体。随后美国行为地理学家查尔斯·罗密斯将社区翻译成英文"community"，意思指一起生活或工作的团体、共同体。Joppe（1996）[1] 指出，社区是建立在具有共同目标基础意义上的自定义，可以是地理上的概念或具有共同利益的概念，建立在社区成员共有的文化价值基础之上，但社区的概念并不总是行政区划内部的概念，社区有时候也意味着跨越行政区线，建立在工作价值评估基础上。

中文"社区"是 1933 年吴文藻、费孝通等一批燕京大学（现北京大学）的青年学者在翻译美国著名社会学家帕克的社会学论文集时，第一次将英文"community"译成"社区"，从而使社区研究开始进入我国学者的研究视野[2]。随后，学者们根据各人的研究角度以及要解决的问题和理论背景对"社区"做出了不同的解释。庞树奇、蒋雅蓉（1989）[3] 认为，社区是由具有共同地域基础、共同利益和共同信念的人构成的社会群体；宋林飞[4] 认为，社区是一定地域内共同生活的人群组合，是一种社会关系的区位组织；漆明亮等[5] 认为，社区是一个多层面、系统性的概念，它不仅仅是社会子目录中的一个组织单位，而且是具有丰富内涵的集体名词，既包含地理空间等因素也包含情感意志、社会心理等因素。而本书中的社区主要是指民族社区。民族社区除了具有社区共性（社会性）特征外，还具有其特殊性即民族性和民族文化属性。对于民族社区概念的界定，比较有代表性的观点有：刘旺（2010）[6]认为，民族社区是指一定地域范围内的以少数民族居民为主的人类生活共同体，即少数民族居民相对集中的农村社区（自然村或行政村）；高永久、朱军研究指出，民族社区是以少数民族社会成员为构成主体，以民族社会成员共同的地缘和紧密的日常生活为基础的民族区域性社会，是一个兼具社会性和民族性的社会共同体。学者指出典型的民族社区具有三个特征：一是地域相对封闭；二是具有自己特有的但共同认同的文化、制度和生活方式；三是具有以亲缘、血缘为纽带形成的稳定社会结构[7]。

本书中的民族社区是指居住在一定地域空间内的少数民族居民，以现有或潜在的旅游资源为依托，以共同地域文化和习俗信仰为特征，具有共同资源约束、共同价值观念、共同利益的人群所组成的社会生活共同体。

2.1.2　社区旅游的概念

对社区旅游关注较早的是西方学者。在传统旅游开发强调最大限度挖掘旅游资源效率、追求最大旅游经济效益之后，20世纪70年代末，国外旅游理论界开始关注旅游活动对旅游目的地社区的影响以及当地居民对旅游的态度等问题，旅游人文发展的思想开始出现[8]。美国学者 De Kadt 在1979年首次提出社区旅游的倡导[9]引起学术界对社区旅游的广泛关注，随后社区旅游逐步成为旅游学科研究的热点领域。20世纪80年代，墨菲在其著作《旅游：一个社区方法》（*Tourism：A Community Approach*）一书中把"社区方法（community approach）"的理念与旅游发展思路相结合，从社区利益出发，由社区确定旅游发展目标、控制旅游开发过程，目的是从社区角度去开发和规划旅游，追求社区经济、社会、文化与生态之间的平衡，最终实现社区的发展。

对于社区旅游的概念，主要有以下三种定义：吴必虎[10]认为，社区旅游是指社区本身自行操作并为当地社区服务的一种旅游产品。它有多种产品形式，如遗产博物馆旅游、农场旅游、马车旅行等。唐顺铁[11]认为，社区旅游是从社区的角度考虑旅游目的地建设，以社区的互动理论指导旅游社区的总体规划和布局，通过优化旅游社区的结构提高旅游效率，谋求旅游业及旅游目的地经济效益、环境效益和社会效益的协调统一和最优化。周玉翠[12]认为，社区旅游是指通过旅游业的开发、建设，促进旅游目的地社会经济、文化、环境等全面发展的旅游开发模式。

传统旅游与社区旅游的对比见表2.1。

表2.1 传统旅游与社区旅游的对比[9]

旅游类型	传统旅游	社区旅游
对象	景观	景观、环境、社区
目标	最大经济效益	经济效益、环境效益和社会效益的协调统一和优化
开发原则	挖掘景观吸引力	从社区互动、社区进化和社区结构优化的角度指导旅游开发
当地居民与旅游开发的关系	无关或被动参与	当地居民是旅游开发的重要力量

从传统旅游与社区旅游的对比我们可以发现，社区旅游在注重旅游业发展的同时，更加强调居民对当地旅游业的支持。因此，旅游开发应以满足当地社区居民的需要为前提条件，通过社区居民与旅游业的多层面互动，实现社区旅游的良性发展。而社区旅游作为一种综合的社会现象，它既可以盘活社区旅游资源，增加社区居民的就业机会，提高社区居民收入水平，使社区在环境改善、景观保护、文化与经济发展上受益，实现社区经济效益、环境效益和社会效益的协调和优化。同时社区旅游也隐藏着许多问题，如社区居民在旅游开发中缺乏前期资本投入能力以及其他相关能力与技巧，而政府和开发商往往在前期规划和后期管理过程中缺乏对社区居民利益回馈机制的思考和关注，使大部分社区居民失去了在旅游开发和管理中获得收益的机会，而处在政治和经济优势地位上的政府或开发商，却很容易获得大部分社区旅游收益，社区居民对社区旅游的不满和抵制情绪日益增长。因此，对社区旅游进行研究是引发社会关注旅游弱势群体的手段，更是实现社区建设与社区和谐的重要保证。一般而言，旅游社区具有如下特点：一是具有一定的地域范围；二是具有合理而高效的社区结构；三是具有独特社区文化；四是具有优美的社区环境。

2.1.3 社区旅游开发原则

社区旅游开发有以下原则：

（1）突出并维护社区的旅游形象。社区旅游形象是最具魅力的旅游资源，是旅游者通过各种感官而形成的对社区的整体印象，也是社区内聚力和差异性的源泉。社区的旅游形象有赖于社区的人文、历史、自然等各方面因素的相互作用。一些社区的旅游形象比较突出，比如西安的古都形象、桂林的山水风光形象、上海的现代经济中心形象、北京的华夏文化中心形象等。个性特征鲜明的社区旅游形象已成为旅游市场竞争的重要筹码。因此，社区旅游开发中应强化并突出个性化的旅游形象。当前我国很多旅游社区的个性特征不强，旅游形象不鲜明，因此，在旅游开发过程中应根据社区实际设计出具有自身特色的旅游形象。具体而言，进行科学的形象策划（CI 策划），并结合顾客满意度策略（CS 策略），把 CI 和 CS 进行有机结合，从而使社区旅游形象更科学、更完善。

（2）注重社区的整体协调性。社区的布局和规划是社区建设中的一项全面系统工程，不仅要考虑社区的结构优化，还要考虑社区的进化问题。因此，在进行社区旅游开发过程中，必须跳出传统的规划框架和规划思路，站在社区全面建设的高度，制定出不但能促进社区旅游业，还能涵盖社区生态建设、文化建设、经济建设、政治建设、社会建设于一体的社区旅游规划，从而因势利导地不断改进社区和旅游的功能，使其不断朝着更成熟、更现代化的方向发展。

（3）注重社区间的互动过程。旅游社区间既有相互竞争的一面，也存在相互促进、相互合作的一面。因此，旅游社区在开发规划时，既要考虑区域内相邻社区间的互补性和差异性，减少冲突，避免短距离同质化的恶性竞争，同时还要注重增加互补性与合作性，促进相邻社区共同发展。

（4）强调当地居民的参与。社区居民是社区的主体，没有社区居民的参与，旅游社区的功能就无法正常发挥，旅游社区也就不复存在，这也是一般旅游目的地与社区旅游的根本区别。一般旅游目的地的开发经营和服务主体大部分来自外地，当地居民很少参与。比如我国有相当数量的旅游度假区的开发、经营、服务、接待对象均与当地居民没有多大联系。而社区旅游，必须以当地居民为基础，尽可能引导当地居民积极参与旅游投资、旅游运输、旅游服务以及各种旅游商品的生产、加工和销售等，这样既方便了游客，又增加了当地居民的收入，同时也可以避免当地居民对旅游开发的逆反心理。

2.1.4　民族社区旅游发展模式

旅游发展模式是指旅游产业在特定时期、在相关旅游目的地发展的总体方式。民族社区旅游发展模式是乡村旅游开发与管理的核心内容，是决定民族社区旅游产品类型和特点、旅游资源开发与保护、利益分配机制、主客关系的重要因素。实施主体、地域文化等差异也造成了发展模式的不同。民族社区旅游发展模式与其经营机制和管理机制紧密联系，在一定程度上决定着乡村旅游的发展走向。民族社区旅游的模式类型根据开发动力和协调机制可划分为政府主导型、市场主导型、社区主导型、混合成长型等，根据旅游产品类型可划分为文化村寨模式、古村落模式、农业观光园模式、农家乐模式等，根据投资主体和运行特征可划分为企业独资型、联合开发型、股份合作型等，根据旅游资源的类型可划分为资源主体型、资源共生型和资源附属型等。虽然各种社区旅游发展模式不同，但目标和理念相同，即以原住民利益为主，以保护、延续和传承民族文化为目标。

2.1.5 民族社区旅游扶贫与生计变迁

旅游业作为民族社区地方发展的重要策略，成为解决民族社区贫困问题的重要途径。民族社区发展旅游的过程实际上也是当地居民生计方式变迁的过程。这是因为一方面旅游开发为当地居民带来了新的理念、知识、社会资本、就业机会、经济收入等积极效应；另一方面旅游驱动下也会造成传统农耕生活方式的改变、社会结构破坏、相关利益群体间冲突、旅游商业化下的民族文化变迁、民族语言弱化、社区人力资本变化、村落空间结构改变等。旅游业的介入打破了社区原有的生产生活模式，主要体现在：在生产方面，当地人务农、家畜家禽养殖规模减小，随着生产方式向旅游服务业转变，促进了社区与族群物质领域的发展；在消费方面，通过对现代消费观念和消费方式的接纳，展现出对新兴时尚消费的认同；在文化方面，借用现代技术手段和媒介，不断清晰并强化自我边界，并使地方文化获得发展的新动力。

2.2 社区居民满意度相关研究

2.2.1 社区居民的概念

本书中的社区居民是指民族地区旅游村寨常住居民，是旅游开发前就已在村寨世代定居的乡村社区居民。民族村寨社区居民既是乡村社区的居住者，又是村寨社区旅游的主要经营者，他们有着参与村寨社区旅游发展的共同意愿。研究表明，社区居民参与社区旅游在国内外的乡村旅游发展历程中呈现出明显的变化特点和变化趋势，即社区居民对社区旅游的参与已经从单纯的经济活动演变为复杂的经济社会活动。换言之，社区旅游已不单纯是社区居民增加经济收入的经济活动，而是具有更加广泛的社会意义和社会内涵。民族村寨因与外界相对比较隔绝，以及世代传承下来的共同信仰和对自身民族文化的认同，一个隐含富有人情味、守望互助、关系亲密的社区就成为村寨内互动频繁的社会人际空间。同时，民族村寨社区也是一个具备共同愿景、共同价值观、共同社会规范以及人际关系和睦的场所。居民间往往以血缘、族缘、地缘等黏合剂形成社会网络，同时以传统、族规以及现代社会的法律、制度等一起作为约束所有成员的社会规范，从而形成了具有较高同质性的熟人社会。

民族村寨社区居民参与社区旅游是民族地区乡村全面发展的必由之路，这是我国乡村旅游的典型特色，也是决定其能否成功的关键因素之一。社区旅游以居民为主体的主要原因在于：一方面，社区居民是社区的主人，他们特别在乎旅游发展给社区和自身带来的影响；另一方面，社区居民又是社区旅游的主要经营者和从业者，他们希望通过社区旅游发展，实现个人生活水平的提升和生活条件的改善，与其他主体相比，他们更加渴望对社区旅游红利的分享。换言之，社区居民既是社区旅游发展各种负面影响的直接承担者，又是旅游发展的直接受益者。因此，社区居民对社区旅游发展的态度也主要基于这两种综合身份的认知和判断。

需要指出的是，民族村寨社区居民不同于城镇社区居民。城镇社区居民是在城镇化和城市化进程过程中因城市压力的增加以及城市生活环境的变迁，使得来自不同省份、不同领域、不同职业、不同宗教信仰和不同价值观的人群共同生活在同一城镇社区，从而构成一个独立性强、异质性强、抵御心理强、陌生度高、信任度低的居民综合体。城镇社区居民在平时生活中往往强调自我价值，以自我为核心，具体表现在追求个人社会地位的提高、个人职业的晋升以及个人及家庭收入的提升。居民与社区之间的关系不是以情感依托为主，而是以私人利益保障为主。相比于具有相似生活习惯，以传统血缘和地缘组成生活区域的民族村寨社区居民而言，城镇社区居民主要基于个人的业缘与利缘，形成一个多元化的特定生活场所。城镇社区居民因缺乏基于居民共同利益联结而建立起来的社会共同体基础，呈现出以工作区位或工作性质为轴心，以房屋产权为纽带，以个人私密生活为归依的彼此不熟悉、往来互动不频繁的"陌生人社会"，从而失去了民族村寨社区居民间因高熟悉感或亲密感而结成的传统的"熟人社会"特征，其更加重视个人诉求和个人利益的实现。

同时，城镇社区居民更多地将社区界定为服务的提供者，将自身视为服务的获得者与享受者，认为社区要充分尊重并吸纳居民的个人意见，从而不断改进并提高社区服务工作质量，同时社区要充分保障个人权利，特别是私有财产安全与共同参与社区管理的权利等，他们会为个人权利的争取与实现做出相应的行动。

2.2.2　顾客满意及顾客满意度的概念

满意度的概念首先是由美国学者 Cardozo 于 1965 年发表的 *An Experimental Study of Customer Effort Expectation and Satisfaction* 一文中提出，并通过实验研究指出顾客对产品的满意程度会受到获得该产品所花费的精力以及对产品期望的影响，特别是当与一般的努力相比，需要付出相当大的精力获得此产品时，对产品的满意就会更高，同时提出当产品应该满足顾客期望而未能满足时，顾客的满意度就会降低。Cardozo 首次发表论文研究顾客满意度并将顾客满意度的理念引入营销领域，为今后研究顾客满意度理论打下了坚实的基础。自从 Cardozo 对顾客满意与否进行研究以来，国外许多学者对顾客满意度的概念进行了界定。国外学者关于顾客满意度较有代表性的定义见表 2.2。

表 2.2　国外学者关于顾客满意度概念的主要观点

时间	学者	主要观点或结论
1969 年	Howard & Sheth	满意度是付出成本与预期使用产品获得效益的比较结果
1977 年	HamPel	满意度决定于顾客对产品或服务的预期的实现程度，即反映预期和实际结果的一致程度
1980 年	Oliver	满意度是一种心理状态，是由预期感知不一致产生的情绪和顾客购买前的感受结合在一起的结果
1982 年	Churchill and Suyrenant	满意度是顾客对于所付出的成本（如金钱、时间、心力）与使用产品所获得的收益进行比较的结果，即成本/效益分析
1991 年	Solomon	满意度是顾客对所购买产品的整体态度
1994 年	Davis and Heineke	满意度是预期感知比较差距的函数和感知的函数
1997 年	Kotler	满意度是顾客对产品的可感知效果（或结果）与预期比较后形成的愉悦或失望的感觉状态

尽管不同的学者对顾客满意度进行了不同的定义。但是，迄今为止仍未能对顾客满意度达成共识。在不同的研究文献中，对顾客满意度的内涵有较大的差异。有国外学者指出，对顾客满意度研究的最大难点就是很难对顾客满意度的定义形成统一的标准。但是如果不对顾客满意度进行界定，对顾客满意度的解释就会出现极大的混乱。因此，根据本书研究的需要采用 ISO9000：2000《质量管理体系基础和术语》标准，顾客满意度被定义为："顾客对某一事项

在满足其要求和期望的程度的意见。"其中的"要求"既"包含明示的必须履行的需求或期望",也包括了"隐含的或必须履行的需求或期望",并且"某一事项是指在彼此需求和期望及有关各方对某次沟通的基础上的特定时间的特定事件"[13]。

2.2.3 满意度测量研究

目前对于满意度的测量有三种方法。一是单维度测量法。该方法是将满意度看成是一个连续统,即实际测量操作中不对满意度做满意和不满意的划分,而是将其视为连续统的两级,认为满意的对立面就是不满意。对满意度测量的研究最开始都是采用的单维度方法,比较有代表性的测量量表是 Weiss 等 (1967) 开发的明尼苏达 (Minnesota) 满意度量表和 Smith 等 (1969) 的工作满意度指数量表,随后又有一些著名的学者如 Yoon & Uysal (2005)、Gallarza & Saura (2006)、Chen & Tsai (2007)、Ryu、Han & Kim (2008)、Lee、Jeon & Kim (2010) 等采用单维度的测量方法对服务行业的整体满意度进行了测量。二是二维测量法。该方法是赫兹伯格 (Herzberg) 提出的。1959 年,赫兹伯格在研究员工工作满意度时提出了满意度可以分为满意和不满意两个维度。他提出二维度划分的理论依据是双因素理论,认为员工的工作满意度会受到一定因素的影响,而这些因素往往是内部因素,赫兹伯格将这些内部因素称为激励因素,认为激励因素是员工产生满意的原因,而将员工工作的不满意归结为外部因素作用的结果,而使员工产生不满意的因素视为保健因素,强调保健因素是员工产生不满意的原因。赫兹伯格将整体满意度分为满意与不满意两个维度,认为满意的对立面是没有满意而不是不满意,不满意的对立面是没有不满意而不是满意,这与传统满意度的一维观有着明显的不同。赫兹伯格对满意度的双维度划分也被很多学者所接受和采纳,比如:Westbrook 和 Oliver (1991)、Babin 和 Griffin (1998)、Srijumpa (2007) 研究指出对满意度的测量使用双维度比单维度会有更好的预测效果。但学者 Bleuel (1990) 却对二维测量法产生了质疑,认为满意与不满意之间的关系并非是确定的。三是满意度的多属性测量 (又称局部满意性评价)。Lawler (1971) 和 Dyer & Theriault (1976) 是使用多维模型的主要代表者。随后 Heneman & Schwab (1985) 共同开发和验证了一种用于满意度多属性测量的方法——薪酬满意度问卷 (pay satisfaction questionnaire, PSQ),学者 Mulvey 等 (1991) 以及 Judge & Wellbourne (1994) 对其研究结果的正确性和可靠性进行了验证。之后,Tribe & Snaith (1998) 又提出了满意度的多属性的 HOLSAT 模型。上述无论哪种关于满意度的测量或多或少都会对研究人员更加清楚和明白满意度的原因和结果有帮助和启发作用，这对于本书利用满意度的研究思想和研究方法进行中国本土化的研究具有重要的启发。

2.2.4 顾客满意度指数模型研究

满意度理论出现以来，在经济学领域和社会学领域得到了广泛应用。在经济学领域的应用产生了著名而深受国内外社会各界认可和推广的顾客满意度理论，在多年研究和实践中形成了成熟的顾客满意度指数模型（CSI），比较有代表性的有：瑞典顾客满意度指数模型（Swedish customer satisfaction barometer，SCSB），该模型是由美国密歇根大学国家质量研究中心的费耐尔（Fornell）博士首先提出来的，该模型中包括 5 个结构变量，分别是顾客预期、感知质量、顾客满意度、顾客抱怨和顾客忠诚；美国顾客满意度指数模型（American customer satisfaction index，ACSI）是 1994 年由美国 Michigan 大学商学院研究提出的。其与 SCSB 模型的区别在于，ACSI 模型在 SCSB 模型的基础上增加了价值感知结构变量并作为中介变量，ACSI 模型共有 6 个结构变量；欧洲顾客满意度指数模型（Europe customer satisfaction index，ECSl），该模型在 ACSI 模型的基础上增加了企业形象结构变量并去掉了顾客抱怨结构变量，同时将 ACSI 模型中的感知质量结构变量变为感知硬件质量和感知软件质量，从而使模型中的结构变量增加到 7 个，ACSI 模型经后来的研究证明具有普遍的代表性和广泛的实践价值；中国顾客满意度指数模型（China customer satisfaction index，CCSI）是由清华大学首先提出来的，在借鉴 ACSI 模型和 ECSl 模型的基础上，该模型共包括 6 个结构变量：品牌形象、感知质量、预期质量、感知价值、顾客满意度和顾客忠诚。该模型经过多年的研究和实证，被证明是符合中国国情的顾客满意度指数模型，并在 2002 年经过国家科技部的鉴定，成为国内唯一通过国家级鉴定的顾客满意度指数模型。通过对上述顾客满意度模型的分析，不难看出感知质量、感知价值、顾客预期、顾客满意度和顾客忠诚是顾客满意度模型的核心要素，这些模型存在的共性是模型中的潜在变量都要通过外显变量来测量，潜在变量之间一般具有较高的线性关系，能够较好地解释变量之间的因果关系，模型的可操作性强。

满意度理论在社会学领域的应用开始于 20 世纪 60 年代，主要集中于公众满意度和社会满意度的研究。公众满意度由国外学者戴维·H. 罗森布鲁姆、罗伯特·S. 克拉夫丘克于 1936 年提出来的，其指出："顾客满意标准在政府运作过程中的运用应当与企业中的运用一样广泛……如果行政官员能够像企业管理者那样始终关注最终结果，即顾客满意度，那么内部行政运作亟须改革以改善服务就不言自明了。"[14] 随后学者 Osbome & Gaebler 于 1992 年在 *How the Entrepreneurial Spirit is Transforming the Public Sector from the Schoolhouse to Statehouse* 一文中指出，政府应该引入竞争机制、树立服务意识、充分关注公众需求，视公民为上帝。Van Ryzin 等用 ACSI 模型研究了公民对政府满意度的驱动因素，是 CSI 模型在公共服务领域里的成功应用[15]。我国学者夏雪皎（2008）参考美国顾客满意度指数模型（ACSI）和欧洲顾客满意度指数模型（ECSI），并结合我国城市管理现状，提出了我国城市管理公众满意度指数模型，对城市管理公众满意度进行分析。该模型包括城管形象、公众期望、感知质量、公众满意度及公众信任五个结构变量[16]。龚莎莎（2009）通过顾客满意度和公众满意度经典模型的分析构建了基于结构方程模型（SEM）的电子政务公众满意度模型，阐明了模型的内涵，通过实例分析对电子政务公众满意度模型的可行性进行验证[17]。邓赞洲（2011）通过对 Fornell 的建模思想和建模方法及经典顾客（公众）满意度指数的分析，结合我国地方政府教育资源配置的方式，选取了相关变量并提出了结构关系假设，从而构建了地方政府教育资源配置公众满意度模型并进行了实证研究[18]。

在对社会满意度的研究中，中国学者陈志霞首次将社会满意度划分为三个层次，分别是宏观层次（社会成员对整个社会的满意度）、中观层次（居民对城市的满意度和居民对社区的满意度）和微观层次（个人生活满意度），并进行了相关研究。顾客满意度指数模型是对顾客满意程度的定量测量，而这种定量测量的依据是依靠定性的感知获得的，因此这种测量结果不可避免地要受到顾客个人的情感因素、个人特性、心理体验、市场环境、需求层次等外在因素的影响和制约，所以成熟的 CSI 模型也是一个动态的模型，是需要依靠时间的推移以及消费习惯、消费需求、消费层次和消费背景不断进行调整的模型。CSI 模型在各国和各个领域应用的差异性体现了其动态性、有用性和成熟性，这对于 CSI 模型在民族村寨社区旅游居民满意度领域的应用是一种很好的启示。

2.2.5　居民满意度定义研究

居民满意度是社会学中永恒的话题，如果居民对现在所处社区不满意，不仅会影响政府对其他社区移民的安置，而且也会影响到居民重新寻找并移居其他社区的决定。根据组织行为学的理论，一个组织的成功不仅很大程度上取决于该组织为顾客、股东所创造的价值，而且更大程度上取决于其为组织内的员工和社会所创造的价值。社区居民满意度的研究是开发适应组织运营模式、反映其经营理念、开展社会活动、提高组织竞争能力的需要。

国外学者将社区满意度又称为居民满意度。社区满意度（community satisfaction scale，CSS）是由国外学者 Ladewing & McCann 最早提出的并将其定义为：居民对于社区服务的社会心理反映或者最为狭义地理解为是对环境质量的主观感知[19]。Gerson 等（1977）[20] 认为"社区环境和邻里关系都将影响居民对社区的满意程度"。Weidemann & Anderson（1985）[21] 指出，居民满意度是居民对他们所处的社会和自然环境总的情感反应。国外学者对居民/社区满意度概念的研究一般是从人际互动、价值系统和生活经验[22-23] 等在内的个人的主观认知方面进行界定的，并且对这一界定进行了一些实证研究验证。国内对居民满意度概念的研究相对较少，比较有代表性的定义有：单菁菁认为居民满意度就是居民对其社区环境的总体感受及主观评价[26]；仲长远等从社区归属感角度来阐述社区居民满意度，认为社区居民在共同的社会生活中因得到满足而对社区产生好感和依恋感，他们在心理上愿意成为该社区的一个居民并以此而自豪从而对社区产生责任感[27]。还有的学者认为居民满意度是居民对所在社区的人际关系、生活条件等客观方面的主观评价，具有多层次、综合性指标特征。

近 30 年来，居民满意度这一概念被学者们不断地扩展和深化，根据研究侧重点的不同，国内外学者对居民满意度的内涵进行了不同的阐释和界定。但是，到目前为止并没有形成具有国际统一标准，被国内外普遍认可和接受的居民满意度的概念。这是因为人的需求具有多面性，社区的构成要素也是多方面的，人对社区的满意度很大程度上取决于人的主观需求与客观现实的契合程度，所以对居民满意度这一重要的社会心理指标的概念，仍有待于进一步的理论探索和研究。

民族村寨旅游资源和居民需求的特殊性，决定了本书对居民满意度概念的界定为：居民在民族村寨旅游开发前对旅游发展的期望与旅游开发后自己的实际感受的差异函数，是居民对民族村寨旅游开发与发展是否满足自身需求的主观评价，即居民满意度＝f｛感知值－期望值｝。若居民实际获取值高于期望值，就会出现正差异（positive disconfirmation），意味着居民实绩高于期望，居民就会感到高度满意；若居民实际获取值低于期望值，就会出现负差异（negative disconfirmation），意味着居民实绩低于期望，居民就会感到不满意甚至失望[28-29]；若实际获取值与期望值相当，居民就刚好得到满足，即一般满意。由此可以推断，居民感知的满足程度越高，对旅游开发与经营的满意度就会越高，就会积极参与并支持社区旅游的发展。反之，居民对旅游开发前的期望值越高，而实际感知值越低，他们就会产生强烈的剥夺感和失落感，就有可能抵制社区旅游的发展。因此，民族村寨社区旅游居民满意度是居民对社区旅游满意程度的一种度量。

居民对旅游业的满意程度不是绝对的，会受到个人对社区旅游的话语权、控制权、参与度、分配的公平性、个体从旅游业中获益的程度、感知到的收益和成本以及环境、参照群体和个人社会地位等外在因素的影响和制约。居民对旅游业发展的满意度与居民在旅游发展中对资源的占有权、使用权、处置权、收益权等权力的行使和保障是分不开的。

2.2.6　居民满意度影响因素研究

影响居民满意度的因素可大致归纳为以下三个方面：

2.2.6.1　个人特征因素

通过对国内外相关文献研究发现，与居民满意度相关的个人特征属性包括性别、年龄、社区居住时间、受教育程度、家庭大小、社会地位、收入和职业等方面，这些特征属性因研究对象和研究视角的不同，对社区居民的满意度存在不同程度的影响。

2.2.6.2　社区环境因素

社区环境长期以来一直被认为是影响社区居民满意度的重要因素。比如居住环境、社区公共设施、社区管理服务、社区医疗卫生服务、社区安全建设等均对社区居民的满意度产生影响。但上述这些因素对社区居民满意度的影响力度是非常有限的，相关研究表明，人文环境因素才是影响居民满意度的最主要因素。

2.2.6.3　社会维度因素

Goudy（1977）通过研究发现，社会维度在解释居民满意度方面，比其他影响因素更有说服力。他的社会维度主要包括社区自豪感、社区参与、社区的人际关系等。Brown（1993）认为影响居民社区满意度的重要因素是收入以及充分的就业。Filkins（2000）则认为居民对社区生活的精神或社会满意的话，就会对社区产生高度满意。社会维度是影响社区居民满意度的主要方面，社会维度主要从社区的人际关系、社区互动、社区归属感等层面展开对社区居民满意度的研究。

2.2.7　居民满意度指数模型研究

居民满意度测量指标是用来测量社区居民对社区所提供产品或服务质量的

感知，是测量居民满意程度的一种工具。Ladewing & McCann 最早提出了从社区居民所感知的环境质量入手测量居民的满意度。1991 年，Allen et al[30] 指出影响居民社区满意度的因素包括社区需求的各个方面，比如社区的政府行为、购物机会、从业机会以及社会互动等都需要被测量以确定它们对社区居民满意度的影响程度。其中，环境问题、医疗服务和娱乐设施在预测全球社区满意度方面都是主要的测量指标；Sirgy et al（2000）通过假设模型提出，居民对社区的满意度来源于社区对居民所做的承诺，居民对当地机构和权力部门的信任在社区服务、社区满意和社区承诺方面占有额外的变异量[31]；Birasnav M、Santosh Rangnekar（2008）对社区满意度指标进行了研究，设计出了社区居民满意度的 8 个指标，分别为就业满意、个人/精神满意、环境满意、家政服务、社区的开放性、社区灾害管理、社区营销、公私伙伴关系，并在社区调查的基础上进行了实证分析；Maria-Eugenia Prieto-Flores、Gloria Fernandez-Mayoralas、Maria Joao Forjaz、Fermina Rojo-Perez、Pablo Martinez-Martin（2011）研究指出[32]，居民满意度可以通过居民对居所环境的体验来测量，居所环境包括对住房条件、邻里关系、医疗设施以及和其他居民的关系。国外学者主要从居民的生活品质、个人和家庭的人口统计学因素、工作、感知服务、住房评价、居民所关心的环境和社会问题对居民满意度进行了测量。而最近对居民满意度概念的研究更多集中在社区满意度的影响因素[24] 和社区参与[25] 等量化指标方面。对民族村寨社区旅游居民满意度的研究由于是比较新的研究领域，中外学者对此领域的涉足还相对较薄弱，这也正是本书研究的重点。

2.3 本章小结

本章首先对社区的定义、社区旅游的定义、社区旅游开发的原则、民族社区旅游发展模式、民族社区旅游扶贫与生计变迁进行了较为详细的阐述，在此基础上，对满意度的起源——顾客满意度的定义、顾客满意度的测量、顾客满意度指数模型的构成变量、居民满意度的定义、居民满意度的测量、居民满意度指数模型的构成变量等进行了归纳整理和分析讨论，通过对相关文献的研究可以得出以下四点启示：

（1）民族社区是指居住在一定地域空间内的少数民族居民，以现有或潜在的旅游资源为依托，以共同地域文化和习俗信仰为特征，具有共同资源约束、共同价值观念、共同利益的人群所组成的社会生活共同体。

（2）政府和开发商往往在前期规划和后期管理过程中缺乏对社区居民利益回馈机制的思考和关注，使大部分社区居民失去了在旅游开发和管理中获得收益的机会，而处在政治和经济优势地位上的政府或开发商，却很容易地获得了大部分社区旅游收益，使社区居民对社区旅游产生了不满和抵制情绪。

（3）顾客满意度的定义、顾客满意度模型的构成以及测量对于进行民族村寨社区旅游居民满意度的相关研究具有重要的启发意义。

（4）居民对旅游业的满意程度不是绝对的，要受到个人对社区旅游的话语权、控制权、参与度、分配的公平性、个体从旅游业中获益程度、感知到的收益和成本以及环境、参照群体和个人社会地位等外在因素的影响和制约，因此，成熟的民族村寨社区旅游居民满意度模型应该是一个动态的、需要不断进行调整的模型。

第3章 理论基础与理论回顾

3.1 研究问题的提出

旅游业具有资源消耗低、环境污染小、产业关联性强、就业机会多、综合效益好等特点，已经成为当今世界上发展最快的产业之一，在促进社会发展、扩大就业机会、改善基础设施建设和提高经济收入等方面发挥着巨大的推动作用。尤其是在少数民族地区，旅游开发成为维护当地政治稳定、促进当地社会经济结构改变、实现居民脱贫的关键驱动力。但无论中国还是世界其他发展中国家，少数民族地区虽然拥有极高旅游文化价值的旅游资源，但因其地处偏远、交通相对闭塞、自身缺乏旅游开发的能力和雄厚的资金支持，旅游业发展相当缓慢。所以在发展中国家的贫困地区开发和经营旅游，政府和外来资本的介入既有必要性也有必然性，政府是旅游开发原动力的施予者并且可以承担社区所无力承担的事务，外来资本的注入可以解决当地旅游资金缺乏的难题并有助于提升开发的规模和层次。但是必须协调好政府、开发商与社区居民的权能关系，因为与政府的权威和开发商强大的资本力量相比，旅游地社区居民更多的是处于弱势地位。居民在旅游发展中的参与权、知情权、选择权和控制权极度匮乏，不仅丧失了控制和自由地安排自己最重要的生存要素的用途并获得相应收益的权利，而且承担着旅游发展成功或失败的责任与后果。如旅游开发中征地补偿标准难以维持基本的生活需要、景区门票收益被政府或开发商所剥夺、原本和睦的邻里关系恶化、旅游地旅游经济飞速增长而居民却日益贫困，等等。

随着旅游业的发展，民族村寨社区居民普遍感觉自己被旅游发展所排斥和利用，合法权益在旅游发展中被践踏，但又难以找到正当的维权渠道申诉自己所受到的不公平的待遇，为了发泄内心的强烈不满和愤怒，由以往个别村民破坏景区景观等私人行为演变为一种集体性的堵路、上访等抗议行为，但这不能解决居民被边缘化的现实，于是他们就开始采取蛮横的、极端暴力的手段进行维权，从而容易引发居民与旅游开发商甚至是与当地政府管理部门的恶性暴力冲突事件。正如左冰所说[34]：冲突有愈演愈烈之势。随着旅游发展广度和深度的推进，居民这种暴力维权并非是一个高度地方化的事件，而是在我国和大多数发展中国家都普遍存在的一种现象。Gursoy & Rutherford（2004）[33] 指出：没有当地居民对旅游业发展的大力支持，任何民族社区旅游业的发展都不可能取得成功。

影响社区旅游居民满意度的因素有哪些，中外学者进行了广泛的探索，同时更多的研究方法被应用到对居民态度的研究中（Almeida-Santos & Buzinde，2007）[35]。学者们从社区旅游对居民所产生的经济影响、环境影响和社会文化影响方面分析居民对社区旅游的满意度，认为居民对旅游影响的感知决定了其对社区旅游的支持程度；随后又有学者通过典型民族村寨调研发现，游客行为、主客关系以及社区归属感等因素对居民社区旅游所持态度具有决定性的作用；随着时间的推移，更多的研究者普遍认为社区参与才是影响民族村寨社区旅游居民满意度的关键因素。但是，社区参与在现实中往往成为"一种更好的指导社区接受和认识由外部形成的旅游发展议程所带来好处的经济或技术过程"[41]。

大多数情况下社区参与只不过是象征式的参与，更多的是聆听对旅游发展的部署甚至是被动地接受任务。因此，社区参与理念虽然在一定程度上有助于解决旅游发展中居民与政府部门或开发商的矛盾冲突，但社区参与在各国尤其是发展中国家实践上的失败引起了学者们的广泛质疑和反思。这种没有意识到民族村寨旅游发展中的社区参与实质上是社区与政府和开发商等外部力量进行政治博弈和权力抗衡而取得旅游发展主动权的过程。基于对旅游发展的政治属性和对当前社区参与理论不足之处的深刻洞察，西方旅游增权理论应运而生[42]。其实质是通过相关制度建设，建立起保障弱势群体参与并控制旅游发展决策的合法权利框架[43]，消除社区居民在主流权力结构中被边缘化、被剥削、被排挤的地位，使社区居民和外部社会之间非均衡的权力关系能够得到重新分配，从而保障社区居民利益的最大化。因此，对民族村寨社区旅游的研究应高度关注和重视政治和权力关系在旅游发展中的突出地位。

忽视民族地区旅游发展中权力斗争的存在或对权力关系加以粉饰，只会导致社区居民以"梁山泊式"既脆弱又危险的自发抗争行为维护自身的利益，这样做不仅会使居民个人沦为利益冲突的牺牲品，甚至会导致更加广泛和严重的社会冲突。尽管学术界对民族村寨社区旅游居民满意度的关注持续升温，但其研究的结论却存在着诸多逻辑上的分歧并呈现出某种碎片化和分异化的特征，一个整合了各种观点的、稳定的概念性框架至今尚未形成[44]。影响民族村寨社区旅游居民满意度的因素究竟有哪些？旅游增权在解决民族村寨社区旅游居民与政府或开发商矛盾冲突中究竟起多大作用？居民对自身能否受到平等和公平的对待是否是影响居民满意度的重要因素？在目前学术界对居民满意度的影响因素中的旅游影响感知、社区参与、旅游增权之间是否存在某种内在联系？能否建立起一个结构方程模型通过各潜变量的路径关系找出影响民族村寨社区旅游居民满意度最根本的驱动因素和最重要的前置变量，从而更好地指导民族地区旅游业的可持续发展，这就是本书所要研究的主要问题。

3.2　旅游增权理论的回顾

3.2.1　增权理论的提出

增权理论最早出现于美国学者巴巴拉·所罗门（Barbara Solomon）在 1976 年出版的《黑人增权：受压迫社区中的社会工作》（*Black Empowerment：Social Work in Oppressed Community*）一书中。Barbara Solomon 在研究社会种族问题时率先提出了由于弱势群体自身资源和社会资源的缺失，使其不能有足够强大的力量主宰自己的命运，提出了旨在关注弱势群体的权力提高的理念。增权理论又译为赋权、充权、激发权能理论。增权理论是由权力、无权、去权以及增权等基础概念构成的。其中，权力或权能是指"权力关系中的各方争夺或获取某种竞争性资源的现有或潜在的能力[36]"。无权是一种状态，它首先表现为权力的缺失，即个人或团体不能平等地享有权力；其次表现为无权感，即心理上的无力、无助感和"个人效能感"缺失[37]。去权是指社会中的某些社群权力被剥夺。无权是去权的结果，去权是无权的原因。无权导致弱势群体沦为"烙印群体"，自认为缺乏足够的力量和权力去改变他们自己的生活，这种自我贬低经常内化并整合进个人自我发展的过程之中，形成一种无权感[38]，要扭转因去权所形成的无权感，激发弱势群体的权能，使其变得足够强大，以参与、分享和控制为基础的增权就显得格外重要。

3.2.2　增权的定义

对于增权定义的研究，Rappaport（1984）曾指出[39]：增权从无权层面很容易定义（如疏远、无权、无助），但是很难从正面进行界定，因为在不同的人群和背景下，增权会呈现不同的形式。Zimmeman（1990）指出[40]，增权是整个增权理论体系及其工作实践中最为核心的概念，它是指通过外部的干预和帮助增强个人的能力和对权力的认识，以减少或消除无权感的过程，其最终目的是指向获取权力的社会行动及其导致的社会改变的结果。Zimmeman 对增权的定义深刻揭示了被排挤、被歧视和被边缘化的个人或群体由于"内在权力"的缺失，无法实现权能的社会互动，使自身在社会的政治、经济和文化中被社会的主流权力结构所歧视、所剥削，丧失了更多的权力分享的机会和人际权能，从而造成弱势个人全面性的无力感。因 Zimmeman 是在深刻剖析弱势群体无权本质基础上提出的增权概念，这一定义被国内外学者广泛认可和采纳。

3.2.3　增权的方式

增权方式一般有信息增权、教育增权和制度增权。国外的研究主要集中在信息增权和教育增权两个方面。豪威尔斯（Geraint Howells）从法律角度对消费者增权进行了分析并提出，由于信息不对称，弱势群体在行使权力时常常不能做出理性的、对自己有利的选择，其利益可能因为信息的不对称而受到损害，同时商人的市场营销技巧会在一定程度上抵消掉信息的增权作用。因此，豪威尔斯虽然同意主流学术界对信息增权是保护弱势群体利益有效手段的见解。但是，同时他对信息增权也提出了一定的质疑，即弱势群体对信息的获取和关注非常有限而且即使获得了充分的信息，但是自身在理解和处理信息上的能力或技能有限，他们往往很难做出理性判断与理性选择，因而无法改变自身困难处境从而采取各种行动做出有利于自身发展的各种决策来实现增权。豪威尔斯指出：对信息增权的期待不可过高，同时还必须采取一些辅助措施保障信息增权[45]。继豪威尔斯之后，国外学者麦克格雷戈（Sue McGregor）又提出了教育增权的观点，即通过教育可以使弱者获得更多的知识和及时捕捉各种信息的能力，同时增权必须使某人具有采取行动的权威，即对权力的内在感知。内在权力是由自己创造的，而不是别人给予的，通过教育进行批判性增权，使得弱者获得发现"内在权力"的能力，进而采取行动来改变现实，使他们更自信，更善于表达自己的主张[52]。

豪威尔斯提出的信息增权和麦克格雷戈提出的教育增权，在增权效果上是非常有限的，在增权视野上也是非常狭隘的。为了弥补这一缺陷，斯彻文思（Scheyvens）又提出了心理增权、社会增权、经济增权和政治增权等增权方式。但无论上述哪种增权方式都是以西方深厚的自治传统、平等主义、主流社会文化和组织保障为前提的，是西方政治文明和政治体制所特有的产物，这是类似于中国这样无论从历史还是现实都与西方存在根本区别的国家所无法复制的。因此，如果将这种根植于西方的增权方式粘贴到我国民族村寨社区旅游中，势必造成实践操作上的瓶颈，而且也难以发挥实际作用。

事实上，如果仅有社区居民个人的权利意识或维权能力是远远不够的，因为这忽略了导致民族村寨居民在现行主流权力结构中被边缘化、权力不平等的深层次原因是现行制度的缺陷造成了公权力对私权利的侵犯，使私权利在法律上成为"真空地带"，这必然造成权利保护者利益的缺失。权力由权利产生并受权利的约束，但如果缺乏制度和法律对权利的保障，一旦出现漏洞或真空，本性偏好膨胀的权力就会在这一漏洞或真空地带肆意妄为，其结果就是权利被权力剥夺并服从于权力。这种因制度性缺权或无权而造成的居民在主体权力结构中被边缘化的现状，必须采取制度性增权来保障社区居民的合法权益。1996年，John S. Akama 最早提出社区旅游失败的主要原因是当地社区居民缺乏政策和立法方面的授权。我国学者王宁教授首次提出了"制度增权"，本书中的旅游增权均是指制度增权。

制度增权是指国家通过立法或改革以及完善现有的政策制度，使利益主体之间的权利得以实现，利益得以保障。制度增权的主体必须而且只能是国家，因为只有国家才有能力供给和保障这样的制度环境。制度增权的实质就是国家通过建立起一套正式的支持性的制度，以形成新的权力均衡关系，解决社区居民的缺位问题，将强势的力量与相对弱势的力量进行权力的均衡，保障处于弱势地位的社区居民的权利能得到尊重，利益诉求有表达的机会和解决的平台，从而避免因社区居民的无权状态，导致旅游发展过程中的各种矛盾和冲突，真正实现旅游发展中各种权力关系的平衡和旅游发展的制度化。旅游增权的目的是提升民族村寨社区居民整体的福利指数和幸福指数，实现居民对社区旅游的大力支持，促进社区旅游的健康发展。

3.3　社区参与理论的回顾

3.3.1　社区参与理论的提出

社区参与是西方民主制度发展的产物。社区参与最早出自美国学者 De Kadt（1979）年所著的 *Tourism：Passport to Development* 一书中，该书首次提出社区参与旅游发展的重要性。随后墨菲（1985）在 *Tourism, A Community*

Approach 一书中首次将社区参与概念引入旅游研究中并探讨了如何从社区的角度开发和规划旅游，提出了社区参与旅游的构想。即为减少居民对社区旅游的消极态度和抵触情绪，促进社区旅游的顺利开展，必须鼓励社区居民积极参与旅游规划和旅游决策，目的是通过当地居民直接参与旅游规划和决策制定过程，在达到一定可行性以及满意度的基础上，使居民的想法和对旅游业发展的态度能够反映在旅游规划中，并能最大限度地参与社区的旅游管理，从而实现社区利益最大化。此后，社区参与理论被中外学者广泛应用到旅游研究中。

社区参与是社区与各种外在力量博弈的结果。当社区居民意识到自己的社区生活本身是一道展示给游客观看的重要景观而社区居民的需求却被长久忽略时，社区居民的反抗和抵制心理便油然而生，这是社区参与产生的诱因之一。出于对自身利益的考量，强势群体开始给予社区参与旅游发展的机会[57]。

社区参与的理论基础一方面源于社会交换理论中的"人类的一切行为都会受到能够带来某种奖励或报酬的交换活动的支配"。也就是说，报酬的可能性及多少决定了人行为发生的可能性及倾向性。社区参与的另一理论依据是利益相关者理论，该理论认为只有给予相对弱势的社区居民利益上的充分考虑，把社区居民当成占主导地位的利益主体、开发主体和管理主体来对待，而不是一般利益相关者或协调参与者，让弱势群体有权对旅游规划的制定与实施发表意见甚至直接参与决策，并公平地分享到旅游收益才能使旅游业的发展得到当地社区居民的支持，从而避免因居民对社区旅游的强烈抵制而无法使社区旅游的发展得以实现。没有或者缺少社区居民的参与，旅游开发不可能取得成功。社会交换理论和利益相关者理论对社区参与旅游发展的可能性及其现象具有较强的解释力。社区参与理论被认为是旅游业实现可持续发展的重要途径和手段。

3.3.2 社区参与的定义

社区参与概念源于社会学，比较有代表性的定义有：Stone 认为，社区参与就是将发展设计为这样一种方式，即潜在的受益者被激励去参与做事情，调动他们自己的资源去参与自身发展，决定自身需要，以及决定该如何满足自身需要。这意味着作为一种发展战略，社区参与建立在社区资源、需要和决定的基础上[46]。Diamond 认为，社区参与仅仅关注政治内容，对经济和财政方面的考虑不足，而这两方面恰恰是社区发展的原动力[47]。Lipset 则提出要在经济事务中鼓励和促进社区参与。经济发展可以改变政府与社会之间的关系，增加那些监督政府、扩大政治参与的独立组织的数量和类型，以及政府为积累财富而对工作机会的控制[48]。吕星（2003）认为，社区参与是一种思想，是发展理论的重要组成部分，发展的受益者应当对发展的进程有决策权，对发展的利益有分配权，对发展的结果有拥有权，他们是发展的主体，决定着自己的命运[49]。郭瑞香等（2004）认为，社区参与基于对当地群众知识、技能和能力的重新认识和公正分配，并给予其充分的尊重，其核心是赋权和机会均等，即通过还百姓发言权、决策权来培养自信、自尊和社区自我发展的能力。社区参与注重过程而不是结果，其目的是建立社区居民的主人翁意识和公平、公正的管理机制和伙伴关系，在相互尊重、平等磋商以及分享经验的基础上，寻找共同的利益和兴趣，经过必要的妥协达成社区共识。在政府的信息支持下以及科技人员的参谋与技术指导下，社区百姓利用自己的传统知识、经验和技能做出社区自己的最终发展决策[50]。国内外对社区参与的定义研究表明社区参与的主体是社区居民，社区参与的客体是社区的各项公共事务与公益活动，社区参与的目的是通过主体赋权实现社区居民对社区责任的分担和社区发展成果的分享，从而促进社区价值资源的整合，实现社区与居民的共同发展。

综上所述，本书的社区参与主要是指社区居民对社区旅游发展的参与，即旅游目的地社区居民通过与外部政治力量的抗衡主动参与涉及旅游规划、开发、收益分配等重大事宜的决策和执行体系中。社区参与的实质就是社区居民通过掌握旅游发展的主动权，实施对旅游发展的管理和控制，使自身对旅游发展的态度和建议能在相关的旅游政策中得以体现。社区参与是实现社区自治，促进社区全面发展的必由之路。

3.3.3　社区参与旅游的内容

国外学者最早提出旅游规划过程中进行社区参与，认为旅游业和目的地社区是相互影响的，倡导以社区为基础进行旅游开发和旅游规划，这样做的目的不但可以使社区居民的意志在旅游规划中得以体现，而且也有利于培养社区居民的东道主意识，使社区因素与旅游规划结合得更紧密，从而使旅游规划更具有可操作性。随后，世界旅游组织在编写《旅游业可持续发展——地方旅游规划指南》中多次提到以社区为基础，参与旅游规划决策的步骤和过程。Taylor（1995）研究指出，旅游规划中如果能充分考虑居民的要求和利益，居民则会表现出进一步支持旅游发展的倾向，同时他们将会以更积极的态度和行为介入社区旅游的发展。而Tosun（2000）研究发现，社区居民无法选择和控制旅游发展规模和旅游发展类型，但可以通过社区参与使自身意志在旅游决策和旅游分配中得以体现。Inskeep（1991）提出社区居民如何通过自己的有效参与进而实现自身利益的最大化问题。至此，社区参与不再仅仅局限于社区或旅游资讯等方面的告知，而是开始拥有更多的利益诉求和向着更大的权力的实现发展。

根植于西方文化背景下的社区参与大约在 20 世纪 90 年代后期开始引入中国的旅游研究中。比如，刘赵平（1999）从削弱旅游对目的地消极社会文化影响出发，提出旅游规划要考虑吸纳当地居民的意见，但他只是提出了社区参与的必要性和参与原则，并未对社区参与的方法和内容等进行深入研究。随后刘纬华（2000）针对这一问题继续展开研究，他提出社区居民参与旅游的内容应包括旅游决策、旅游收益分配以及旅游知识培训三个方面。而参与旅游决策主要是授权居民自主决定当地社区旅游发展目标和发展方向，认真倾听居民对旅游发展的看法和希望，并尊重居民的意见，将他们的意见纳入政府的旅游开发决策中。社区居民参与旅游收益分配与参与旅游决策是相辅相成的。而参与旅游知识培训主要包括两个方面：一是提高居民发展旅游的观念和保护环境意识而进行的教育培训；二是增强居民旅游发展中的谋生能力和经营能力而进行的培训。这种对社区参与的研究内容被大多数学者所认可和接受，后来的学者基于不同的研究需要对社区参与内容进行了不同方面的强调。

蒋燕（2003）认为，社区参与旅游的内容包括旅游决策和旅游收益分配，只是她对旅游收益分配的内容又做了进一步的细分，即经济利益分配、就业、商机、教育和培训四个方面。王春蕾（2003）以人类学视角对社区参与旅游进行了分析，并界定了社区参与的核心内容，认为居民应当了解当地未来的社会文化发展、参与重大旅游项目立项和设计的讨论、共同商定旅游收益分配方案等。王瑞红（2004）指出社区参与旅游应包括参与旅游发展决策、参与旅游服务、参与旅游市场调查、参与旅游营销、参与旅游产品规划、参与因发展旅游而带来的利益分配、参与旅游资源保护和旅游知识培训教育等。汪芳等（2008）对乡村旅游地的社区参与进行了更广泛的界定，具体包括经济参与即旅游各环节的参与（如旅游商品、游览活动、交通、住宿接待、饮食接待、娱乐活动等）、文化参与（宗教信仰和风土人情对旅游的贡献）、社会参与（环境和生活参与）、决策参与（社区旅游开发规划与发展规划）四个方面，并通过对具体乡村的逐层分析法进行了定量评估。侯国林、黄震（2010）通过对传统村镇社区参与旅游的定量研究发现了旅游决策与旅游规划、旅游环境资源保护和与宣传教育、旅游经营管理、旅游收益分配等旅游参与的主要内容对象。

3.3.4 社区参与旅游的发展阶段

旅游业发展的不同，社区参与的形式、内容、规模、阶段等也有所不同。依据旅游发展的生命周期、旅游资源状况、社区参与意愿、参与能力、参与行为和参与结果等指标，结合旅游社区参与所处的环境、政治和文化背景等，学者们对社区参与旅游的发展阶段进行了不同的横向划分，这为分析社区不同阶段的参与提供了一个较好的研究框架。事实上，自从旅游者踏入旅游地开始，旅游地社区就自然而然地参与到旅游中了。本书按照社区参与的历史演化过程进行纵向划分，将社区参与分为居民个别参与、组织参与、大众参与、全面参与四个阶段。

居民个别参与阶段，即旅游地尚处于旅游开发萌芽期，或者说旅游地的旅游规模还很小，旅游地几乎还处在未开发的原始状态，此时的游客主要局限于一些摄影爱好者、探险者或其他喜爱游历的人。因为还没有为游客服务的专门设施，居民与游客之间的主客对应关系是在游客主动求助，社区中个别居民为其提供饮食、住宿等帮助过程中随机产生的，居民是不自觉地参与到这些游客的旅游过程中，居民的参与是被动的。在此阶段，居民与游客的关系是非常融洽的，一方面因旅游规模很小，游客所携带的外来文化不足以对本土文化产生影响和冲击；相反，在本土文化和外来文化的互动过程中，主要是游客受到本土文化的强烈感染和熏陶。另一方面，因为外来游客非常少，在经济上，此时居民为游客提供的餐饮或住宿服务基本都是免费的，或者说是无偿的，游客主要以馈赠物品的形式给予居民一定的报酬。居民和游客都会自发地对当地的旅游资源和环境进行维护，使其几乎不受破坏。

组织参与阶段，即随着旅游人数的不断增加，当地社区居民自发地进行简便的商业设施建造，并组织一些简单的服务机构，开始有组织、有针对性地为游客提供土特产、手工艺品、景区交通和导游等服务。在这一阶段，社区主要通过旅游经济活动参与旅游业，社区受益主要体现在经济收入的增加和就业方面，同时，因游客群体壮大，外来文化与本土文化在交流碰撞中也不再处于绝对弱势地位，游客所携带的外来文化开始对社区居民产生影响。这些外来文化在更新居民观念和提高居民素质的同时，其所带来的负面影响也开始出现。另外，旅游规模的扩大使得旅游与环境的关系也由前面的共生关系开始呈现出向冲突关系转化的趋势。但此时，环境和社会问题的非普遍性并没有引起社区居民的重视。

大众参与阶段，即在旅游者和旅游广告的宣传下，随着大量游客的涌入，旅游地的知名度迅速提升，在当地政府和旅游开发商的积极参与下，旅游地建设大量旅游服务设施和旅游基础设施，同时建立旅游公司和旅行社等服务机构，形成旅游业发展的完整体系。自组织参与阶段开始，社区就从单纯提供劳务、手工艺品、土特产品到参与旅游基础设施建设和旅游组织经营，同时积极参与旅游经济发展，并将自身社会文化融入旅游产品开发中，为当地旅游建设做出了巨大贡献。毋庸置疑发展旅游业是把"双刃剑"，但人们此时却忽略了旅游对社区文化和当地环境的负面影响，忽略了传统文化保护的责任与使命，也忽略了文化异化和环境恶化对当地发展旅游的威胁。因此，此时社区对环境保护和文化稳定性维护的参与仍是被动的、零散的和非自觉的。

全面参与阶段，即因旅游地的社会和环境问题严重影响到社区存在和发展的资源基础和社会基础时，社区居民为了自身利益，开始意识到维护传统文化和保护环境的迫切要求，并自觉付诸日常行动中。可持续发展理念及颁布的一系列纲领性文件，为社区居民全面参与旅游提供了理论基础与操作指南。社区全面参与旅游包含两层含义：一是在内容上包括了旅游决策与实施、旅游规划和实践、社会文化进步、环境保护等全方位的内容；二是居民不再仅以谋取经济收入、增加就业途径作为参与旅游发展目标，而是自觉地、全民地把传统文化维护和环境保护作为居民自身责任和社区发展需要，参与到旅游发展中。事实上，社区全面参与旅游发展，既是历史发展的必然，也是更好解决发展旅游所带来的各种现实问题的迫切需求。

3.3.5　社区参与旅游的策略与逻辑

作为西方政治制度和政治文明产物的社区参与，原意是权利主体运用制度化的途径或组织，公开表达自身利益诉求的过程，其参与是政治过程正当性的基础。但其指涉则较为宽泛和松散，实质上是一种地方性知识。特别是在个人以及群体要求和利益复杂多样的今天，无论农村还是城市，社区的"利益分殊"都非常明显，已成为一个群体分化严重的社会生活空间，但追求经济利益却是社区参与旅游发展的最主要动机。

从社区参与旅游的策略情况看，社区参与的过程更多是不平等和不公平的，在这一个过程中往往伴随着压制、服从、强迫、反抗和冲突。因此，社区参与旅游的策略不仅仅只是一种参与策略，更是权利主体间的博弈、运作与互动的过程。特别是研究民族地区社区参与问题，在当下不只是重大的理论问题，也是党和国家高度重视的现实问题。

因此，一方面需要对从西方移植而来的社区参与如何在中国的社会现实和传统文化中的适应问题给予关注，同时还要探讨中国的社会现实和本土文化是如何影响社区参与运作的；另一方面，随着市场经济的繁荣发展，当今社会的社区参与无论是形式、内容还是性质都发生了显著的变化。现阶段，中国社区参与旅游发展的渠道、方式、层次、参与程度和策略主要是以经济利益为导向的，并以个体和家庭对旅游业提供的生存和生活资源的依赖程度决定的，这和西方以"自治"为中心的社区参与存在本质性差别。

社区参与旅游的逻辑在于旅游利益的关联。社区旅游的利益相关者通过合理分配剩余索取权，实现自身权益；通过合理分配控制权进行彼此的相互牵制和约束，目的是达到长期稳定的合作。也就是说，利益相关者参与社区旅游的根本动力是来自对社区利益分配的关注，但此处中的利益分配遵循的是各利益主体的相互制衡、彼此平等以及对社区可持续发展的原则，而不是经济学传统上的股东利益最大化原则。社区参与旅游与其他利益相关者一样，本质上都是追逐自我利益。对广大社区居民而言，传统文化维护和环境保护的动力同样也是源于经济利益。因为，如果没有潜在回报，行为主体会觉得花费过多的精力是非常不值得的，所以，对有着资源禀赋的社区，不光要培养其参与当地旅游业发展的主导能力，还要对社区参与旅游业的经济基础给予保障，这也是社区参与旅游的动力和核心问题。

3.3.6　民族村寨社区参与的限制因素

无论发达国家还是发展中国家，社区参与的实质都是社区与地方政府部门和外部旅游投资商之间的一场权利博弈过程，其目的是让在相关利益主体中较为被动的弱势群体——社区，在政治上获得旅游决策的公民权利[69]，使社区能居于自身旅游资源和居民需求主导旅游发展战略，实现社区居民与其他利益主体共同参与旅游发展的重大决策，保障社区居民在整个旅游发展过程中的主体地位，使其能够在政治上实现民主决策，经济上能实现利益的公平分配。由于西方社会旅游社区参与是建立在社区、政府、开发商等各参与主体之间力量相对均衡的基础上，社区有较高的政治权利和民主地位，在社区参与中具有较高的话语权和主导旅游发展的决策和监督权，使得社区参与成为旅游发展的前提条件和主要环节。

而在部分国家中，由于社区旅游中政府、开发商和社区居民等各参与方之间力量对比过于悬殊，在这场参与主体力量相对悬殊的政治博弈中必然导致社区参与会受到各种障碍性因素的严重制约，使社区参与很难取得实际效果和发挥应有的作用。一方面，由于民族地区社会经济发展相对滞后，大部分社区居民处于"教育隔离和信息隔离"状态，社区居民不仅缺乏参与意识、参与能力，而且过于闭塞的信息渠道和信息量，使其在所有利益相关者参与的博弈中，必然处于绝对的弱势。同时欠发达民族地区，由于信息的高度不对称还容易给政府创造权力寻租的机会，侵害社区弱势群体的利益。另一方面，由于缺乏制度、法律政策、组织等客观体制方面的保障，给社区参与带来了极大的阻力，不但无形中剥夺了居民社区参与的机会，也影响了居民社区参与的最初目标和实际效果。因此，要扭转目前民族村寨社区居民的"象征性的参与"和"非参与的参与"状态，真正实现社区居民的"实权参与"就必须建立一套参与机制，保障社区参与的能力和参与的环境。

3.4 社会交换理论的回顾

3.4.1 社会交换理论的提出

"交换"又被称作"交易"，是经济学、政治学和社会学中非常重要的概念。1934年，美国经济学家约翰·康芒斯在其创作并发表的经济学著作《制度经济学》一书中，把"交易"与"生产"概念相对应，认为"交易"活动和"生产"活动共同构成人类的全部经济活动，并首次将"交易"作为严格意义上的经济学范畴建立起来，同时对其做了明确的界定与分类，指出交易是使经济学、法律和伦理学发生相互关系的基本单位。这种"交易"包含着经济生活中的冲突、依存和秩序三种主要社会关系。同时，康芒斯又将"交易"划分为"买卖的""管理的"与"配额的"三种类型，三种类型间的主要区别在于参与交易的各方在权力、地位、伦理等方面具有对等性。比如市场是一种买卖交易，企业内部是"管理"交易，而政府交易属于和"配额的"交易相联系。必须指出的是，在某种社会关系中，三种交易形式可能兼有。事实上，在康芒斯的定义中，交易已经和包括社会规范、伦理、亲缘关系等社会因素相联系。

20世纪50年代中后期，随着西方社会矛盾愈发激化，功能主义理论局限日益暴露的背景下，社会交换理论首先在美国产生，随后在西方社会学界逐步盛行。社会交换理论针对功能主义过于强调"秩序、均衡、宏观、结构"的缺陷，重新把研究视角拉回到"冲突、变迁、微观、行动"上。在社会生活中，人们开始普遍崇尚个人力量，强调个性发展，反对那种只把人视为团体的组成部分，而非社会个体行动者的观点。可见，社会交换理论是对人的社会地位这个社会学古老问题的新争论。社会交换理论主要研究个人及个人周边的社会环境，重点是人际关系中的交换问题，它将人和人之间的行为互动看作计算得失的一种理性行为，认为追求最大利益满足是人一切行为互动的基础与核心。因社会交换理论重点关注人行为中的心理因素，又被称为是行为主义社会心理学理论。

社会交换理论由美国社会学家乔治·卡斯伯·霍曼斯（George Caspar Homans）创立。1958 年霍曼斯在《美国社会学期刊》中，以行为主义心理学为基础，首次提出以"交换"为核心问题的社会交换理论。1961 年在吸收功能主义人类学、行为主义心理学、功利主义经济学、社会学部分传统思想等学科和思潮的前提下，他又发表了《社会行为的基本形式》，认为人际间的交往活动具有社会性，个体的某种行为必将引起交往对象的反应行为，进而带来相应的回报或惩罚。所以，通过人们在社会互动中得到的利益与付出的代价的关系，就可以对人的社会行为进行解释。社会交换理论是在全球范围内广泛传播的一种社会心理学理论，是美国当代社会学理论的主要流派之一。随后，布劳、埃莫森等人又进一步发展了该理论，并成为该理论的主要代表人物。古典政治经济学和人类学中的交换思想以及斯金纳的个体主义心理学思想是社会交换理论的思想渊源。霍曼斯的社会交换理论侧重从个人层面对个人行为进行解释，被称为演绎交换理论或行为主义交换理论；布劳的社会交换理论着眼于从人的社会结构、社会关系的动态变化中对人的动机和行为变化过程进行解释，属于社会结构交换理论；埃莫森将网络分析技术应用于交换理论，一般称之为社会交换网络分析。学术界主要针对霍曼斯和布劳的社会交换理论展开研究。

3.4.2　社会交换理论的内容

霍曼斯认为工具理性是交换理论的核心，报酬和惩罚是个人之间的行为基石。社会交换理论把人类的一切社会活动都看成是一种理性的交换行为，社会互动是交换相互报酬的活动。人们期望能在互惠的前提下尽量减少成本并获得更多的收益。人们进行交换的目的是追求最大利益，这是人的本性驱使的，并把利己主义、趋利避害当作人类行为的基本准则。社会交换理论认为对社会现象的合理解释必须以人性的内在心理结构为基础，人与人之间互动的根本在于通过交换过程获取某种利益。社会交换不仅包括物质交换，还包括荣誉、声望、赞许、地位等心理及非物质财富的交换。按照社会交换规律，如果某种行为能够获得越多的奖赏，就会促进该行为的发生；相反，如果不能得到相应回报，行为主体就会因不公平感而终止该行为。当然个体对社会交往回报与代价的认知并不是一成不变的，也不是根据物质绝对价值进行评估的，是与个体的心理效价密切相关的。由于个体心理偏好的差异，对相同事物价值的评价也会不同。可见，社会交换过程也是心理深层的估价问题。

布劳的社会交换理论是在批判霍曼斯不是从社会动态过程、人的社会关系去揭示人的动机和需要，未认识到社会结构整体性效应的基础上建立起来的。布劳社会交换理论克服了霍曼斯解释社会宏观领域问题暴露的不足，主要考察交换过程对社会结构形成和发展的影响以及现有社会结构对交换行为的制约问题。他认为社会交换行为受社会规范的引导以及社会结构的制约，虽然人们行为动机和社会行为的基础是追求报酬，但不是所有的行为都会考虑交换的，交换行为只是人类行为中的一部分。布劳社会交换理论的研究重点是社会结构，并把社会结构分为微观和宏观两种结构。微观结构源于个体期待社会报酬而进行的交换；宏观结构的分析单位是群体而不是个人，是由不同群体组成的结构。

布劳认为社会吸引力（与别人交往的倾向性）是人际间发生交换的动力，同时各个行动者又愿意遵守互惠规范，为个人所得提供回报，这时就形成了互动群体，也就真正开始了社会交换。社会交换的过程是通过竞争实现的，竞争促使社会地位产生分化，继而产生权力及权力分化，这促进了集体性社会组织的建立。

布劳从微观领域将社会交换过程分为四个阶段，即"吸引—竞争—分化—整合（冲突）"，以此为核心，形成了包括宏观现象在内的所有社会过程的分析框架。布劳认为在宏观结构中，人际交往是间接的，需要共享价值这一媒介进行传递。因此，共享价值为宏观交换关系的形成奠定了基础。但要使社会关系真正结构化还需要制度化的过程，而共同的价值与规范是宏观社会结构形成与传递的基础。把社会交换理论从社会结构和过程的微观考察拓展到对宏观社会结构的动态分析过程中，研究了个体之间以及群体之间的关系，提出了社会共同的价值观、权力和权威、社会冲突等问题，进一步丰富和发展了社会交换理论。

经济学领域的社会交换理论主要建立在"经济人""资源稀缺性""有限理性""不确定性""复杂性"等基本假设之上。"经济人"假设以追求自身效用或利益最大化为目标，以满足自身利益最大化为个体行为的基本动机。"经济人"假设围绕"成本—收益"这一核心概念，并将其作为权衡个体行为的基本方法。"资源稀缺性"是指资源相对于无穷的人类欲望而言，是稀有的、紧缺的，形容资源有限的可获得性。"资源稀缺性"必然引起对稀缺资源的竞争与合作。"有限理性"介于完全理性与非完全理性间，是在一定限制下的理性，包括"有限理性意识"与"有限理性能力"。"有限理性"是指意识、认知以及行为能力的有限性。"不确定性"是行为者不能事先准确知道自己决策的结果或者说某种决策的可能结果不止一种。"不确定性"反映了不可预期性。"复杂性"是指"共时性"。因此，经济学领域的社会交换理论侧重于从投入和产出的关系视角分析社会行为。

社会交换理论在社会学领域主要是基于以下假设。一是交换行为的"多重功能"性。在社会交换关系中存在水平关系（信任与合作相联系）与垂直关系（与权威服从相关联），这些关系均超出"个人行为模式"对社会关系的理性解释。由于部分规范和身份来源于情绪与认知的互动，简单的个人利益驱动和自利模型无法对这些激励与约束作用进行有效解释，原因是简单自利模型只是综合考量利益、权利和信任的特例。二是社会交换具有"嵌入性"，对具体问题的分析需要嵌入到发展变化的社会关系中，也就是说，社会交换的历史背景不同，对议题的分析就会不同。社会交换理论所关注的是在互动过程中个人与群体或组织之间进行资源交换的一般社会学理论。人们参与交换过程，其目的在于寻求或物质、或社会、或心理上的某种价值。个体在交换之前，一般会对交换所获得的收益和付出的成本权衡之后才会做出是否参与交换的决定。社会交换理论就是以经济学的方式解释非经济领域中的社会现象，把经济学中的利润看成是社会学中的报酬，把亏本看成是惩罚。社会交换理论已经直接或间接地成为许多研究的主要理论基础。

3.4.3 社会交换理论在旅游学中的应用

社会交换理论是西方社会学中的一个重要理论。由于社会交换理论对社区旅游具有较强的解释性，社会交换理论受到旅游影响研究的重视。很多有关居民态度的研究直接或间接的利用社会交换理论作为研究的理论基础（Lee et al，2010；Nunkoo & Ramkissoon，2010b）。该理论主要对个体参与交换的动机和可能进行科学的解释和预测。事实上，在旅游研究领域学者一致认为：①社会交换现象是非常普遍的；②个体参与交换的动因与社会交换理论的分析结论相吻合；③对旅游目的地居民态度和知觉的影响因素分别是环境因素、社会因素、经济因素和心理因素，但起决定作用的是本体的价值观；④随着旅游发展的变化，经济因素、环境因素以及社会文化因素可能也会发生改变，进而引起旅游地居民对发展旅游业认知的心理变化。

社会交换行为是一个复杂的、动态的过程。Var 和 Liu 研究指出了这种复杂性，因为他们发现虽然旅游地居民认为环境保护更重要，但他们却不愿为了保护环境而降低自身的生活水准。因此，有学者指出可以通过分析在交换中居民感知的重要性因素知觉，来加强居民对旅游反应评价问题的理解。一般而言，环境因素、经济因素、社会因素等会影响居民对旅游发展的态度和对旅游的知觉。Skidmore（1970）认为交换应满足以下两个条件：①通过交换可以带来有价值的回报或酬赏；②预期收益超过预期成本，居民将愿意参与交换。也就是说，居民个人如果从旅游交换中感知的成本低于感知的收益，即通过交换可以得到有价值的回报，那么他们不但愿意进行交换而且对这种交换还会心存感激。John Ap（1992）结合社会交换理论的内涵和因素研究设计出社会交换过程模型，该模型解释了居民与游客间的动态互动关系和居民从初始旅游交换到持续旅游交换以及最后终止旅游交换的整个过程。他在该理论中指出，社区参与旅游的动力来源于社区中部分成员希望以此提高自身的经济条件和社区的社会环境。而发展旅游所带来的成本中有些要求社区全体成员共同承担，因此，那些能从社区旅游中获得一些商机或就业机会的居民，因其所获收益足以弥补发展旅游所带来的各种成本，就会更加支持旅游；相反，那些没能从旅游发展中获得好处却不得不承担相应成本的居民就会反对社区旅游。其研究逻辑是，发展社区旅游必然会给社区带来一些影响，这些影响作用于居民的感知，进而影响居民对旅游的态度和行为。

John Ap 主张，旅游发展是能创造价值的而且成本不会超过收益的居民会更倾向于旅游交换并积极支持旅游的发展。一旦社区居民评估了交换的成本和回报之后，他们就会选择进行交换。换句话说，社会交换理论认为，社区成员会在权衡旅游发展所付出的成本与取得的收益的基础上做出对旅游支持与否的决定（Pearce，Moscardo，Ross，1996）。不同个体对交换感知的结果评价可能是不同的，感知结果为正面的个体与感知结果为负面的个体对交换可能会持有不同的态度。社会交换理论认为，个人对旅游的态度以及对社区旅游发展的支持程度会受到旅游业对社区评估结果的影响。社区居民通过开发和推广旅游为游客提供服务需要，因此，在社区中开发和发展旅游业一定会出现交换关系。社区中一些居民在这种交换中受益，然而另外一些社区居民所受到的影响可能是消极的。社会交换理论表明，社区居民会以交换结果中的成本和收益作为评价交换的基础。从交换中感知获益的居民对旅游影响的感知是正面的，特别是如果发觉这种交换有助于他们福利的提升时，就会更热衷于支持旅游，对旅游者也更热情（Emerson，1962；Homans，1961）。相反，认为在交换中与收益相比成本更大的社区居民对旅游影响的感知是负面的，将反对旅游的发展。

3.4.4　居民旅游影响感知的内容

居民旅游影响感知（perceived tourism impacts，PTI）是居民对居住空间旅游业发展中的人地关系及其物质环境改变的主观认知[80]。旅游开发与发展给旅游目的地带来了各种各样的广泛而深远的影响，目的地的居民是这些旅游影响的最直接的感受者与承担者[78]。因此，学术界对旅游影响的研究主要是从居民感知的视角进行的[79]。旅游影响从总体上无外乎积极影响与消极影响，前者促进旅游目的地的发展，后者对旅游目的地的发展却起着阻碍作用。但无论是积极影响还是消极影响，从内容上又分为经济影响、社会影响与环境影响三个方面[81-82]。习惯上将居民对旅游的积极影响感知称为正面旅游影响感知（perceived positive tourism impacts，PPTI），消极影响感知称为负面旅游影响感知（perceived negative tourism impacts，PNTI）[83-84]。国外学者从 20 世纪 70 年代开始对旅游地居民的旅游影响感知进行了大量而广泛的研究。由于旅游经济的乘数效应以及旅游对当地经济的巨大推动作用，旅游经济影响感知一直在旅游影响研究中居于主导地位。旅游在带来巨大经济效益的同时也不可避免地给当地经济带来了一些负面的影响，但正面的、积极的经济影响仍然是主流。正面旅游经济影响感知主要表现为提高当地居民的收入和生活水平[74]、实现经济多样性发展、增加就业机会[75]、提高税收[76-77]、吸引更多投资等方面。负面旅游经济影响感知主要表现为造成通货膨胀、导致物价上涨、造成两极分化、提高生活费用等方面。

随着旅游影响研究的深入，学者们开始关注旅游的社会影响，其又称作旅游的社会文化影响。旅游社会文化影响虽远远晚于旅游经济影响的研究，但社会文化影响的研究速度与成果却非常显著，甚至成为旅游研究的焦点议题。一般来讲，旅游的社会文化影响包括旅游对目的地居民、游客以及主客关系等方面的影响[85]。旅游的积极社会影响主要表现在促进传统手工艺品和传统民俗仪式的复兴、促进跨文化的交流和理解、改善本地的外观与基础设施以及文化遗产的保护等。旅游的消极文化影响主要表现在使本地传统质朴的民俗民风受到冲击以及降低了本地的道德标准、本地社会不良现象增加、破坏了当地宁静的社会生活、家庭和社会的凝聚力减弱等。

旅游业是必须依托一定的自然和人文环境发展的产业，旅游目的地的环境既会因发展旅游业而获得改善，也可能因旅游业的发展造成地方环境的破坏和生态的退化。旅游对环境的影响可以用国外学者霍金斯（1983）的形象比喻来揭示，即旅游业不仅是一只会下金蛋的鹅，而且也会弄脏自己的巢[86]。旅游对环境的积极影响表现在政府和居民的环保意识增强、促进本地动植物资源保护等；旅游对环境的消极影响表现在破坏自然环境和生态景观，破坏生态系统，加剧空气、水和噪声污染，产生大量垃圾等。居民对旅游影响的感知会影响居民对发展旅游的态度，因此对目的地居民的旅游影响感知研究非常重要。

3.4.5 居民旅游影响感知的因素

居民对旅游影响的感知受多种因素的影响。墨菲（1985）指出：旅游发展的总体程度、个体对旅游的依靠程度、主客交往的状况以及旅游业对社区发展的重要程度等，都是影响居民旅游感知和态度的因素。也有学者指出，影响居民旅游感知的具体因子还包括对旅游的经济依赖度、旅游中心距离居民居住地的远近、居民对旅游业的参与或控制程度、客主比、主客间文化差异、与旅游者的接触程度、旅游目的地的季节性、居住时间的长短、人口学特征因素等。

（1）对旅游的经济依赖度。一些研究表明，能从旅游中获得收益或就业的居民会更欢迎旅游者，并对旅游带来的文化、经济效应强烈赞同，对旅游造成的社会或环境成本感知明显。

（2）旅游中心距离居民居住地的远近。一般情况下，居民距离旅游活动中心越近，他们就越能感知到旅游的消极影响，对旅游者和旅游业的态度也就更为冷漠。而居住在远离旅游中心区的居民因受旅游影响较少，他们对旅游的态度也会更积极。

（3）居民对旅游业的参与或控制程度。居民对社区旅游的决策参与会影响其对旅游业的支持程度和态度。居民一旦有机会参与社区旅游，他们就会更为关心旅游的发展和环境变迁。如果当地居民能有效参与并控制旅游，他们会积极支持当地旅游业的发展，因此，缺乏或忽略居民对社区旅游的参与，则会削弱他们对游客的容忍度，导致他们反感发展旅游业。

（4）客主比。有研究指出，居民对地方的依恋会随着当地人口密度的增加而减少。人口的高密度会造成居民对旅游发展的消极态度，也就是说，如果游客与社区居民的人数之比越高，居民的旅游影响感知也越强烈；相反，如果这个比值越低，则居民的旅游影响感知也就越低。

（5）主客间文化差异。文化差异是影响居民旅游影响感知的重要因素。如果文化差异较大，那么旅游的社会影响也会较大。研究表明，不同旅游目的地居民对旅游影响的感知并不相同，而且即使是同一旅游目的地，在不同的时间居民的旅游影响感知也会发生变化。通过对国内外相关研究发现，影响居民旅游影响感知的因素主要包括：①居民自身因素。比如居民的受教育程度、在社区内居住的时间、居民个人及家庭在旅游业中的就业以及从中获得收入的情况、旅游发展决策参与程度等因素。研究表明，受教育程度越高、积极参与旅游决策、对旅游经济依托度大的居民往往对旅游业及旅游者更为欢迎[87-96]。而居住时间越长的居民对旅游的消极影响感知越强烈，也越反对旅游者及旅游业[97-103]。②其他一些因素。比如中国学者杨兴柱和陆林研究发现，旅游发展阶段、主客关系、与游客的接触频率等因素也会影响居民的旅游影响感知。而中国学者章锦河研究发现，影响居民旅游影响感知的因素包括旅游业及相关产业在旅游地经济中所占的比重和地位、旅游地的发展阶段、旅游地社会经济特征、旅游资源特性等因素。可见，影响社区居民旅游影响感知的因素会因研究内容与侧重点不同而所有不同。

3.5　公平理论的研究回顾

3.5.1　公平理论的提出

公平是人们千百年来孜孜以求的一种社会道德标准和行为准则规范。公平是社会稳定的基础，是解决社会冲突的重要原则。对公平正义的强烈偏好和对不公平的强烈排斥与厌恶是人与生俱来的一种本能和基本需求。任何人都希望自己能受到他人、组织或社会的公平对待。公平无处不在，它是一个社会健康的基石。公平不仅意味权利的平等和分配的合理，也意味着司法的公正和机会的均等。学者霍曼斯于1961年最早提出了公平理论的雏形，随后学者布兰在1964年对霍曼斯提出的公平理论进行了有益的补充，最终由美国行为学家、社会心理学家亚当斯对其正式定型。亚当斯在1963年出版的《对于公平的理解》和1965年出版的《在社会交换中的不公平》著作中提出了备受国内外学者高度认可的旨在进行激励的公平理论。亚当斯的公平理论又叫社会比较理论，是基于投入与产出的一种交换关系，是研究人的主观动机和知觉的一种激励理论，即人们总会自觉或不自觉地将自己所付出的劳动代价及所得到的报酬与他人进行比较并做出公平与否的判断。

公平理论的基本要点是：人们对自己所获报酬的满意度主要受到通过横向或纵向比较的相对报酬的影响。在横向与纵向的比较中，一般以横向比较居多。所谓横向比较，是指个体把自己付出的劳动和所获得的报酬同他人所付出的劳动和所获得的报酬进行的社会比较，即在同一时间以自身的报酬/贡献的比率与他人的报酬/贡献的比率相比。所谓纵向比较，是指把自己付出的劳动和所获得的报酬进行的历史比较，即将本人目前的报酬/贡献与其他不同时间的报酬/贡献进行比较。如果比率相等就会感觉公平合理，从而会产生较高的工作积极性和工作热情，不断完善自己，更加努力地工作；大于或小于参照群体的结果就会感到不公平、不合理，为减轻或消除这种不满情绪而造成的心理失衡，有时甚至会采取极端的方式，以达到主观上认为合理性的判断或感受。

根据公平理论可以看出，公平感的产生与个体所获报酬的绝对值并无直接的和必然的联系，对感知公平起决定作用的主要是对参照群体的选择。亚当斯的公平理论虽然分析的是资本主义条件下劳动者的投入与产出的交换关系，目的是为缓解二战后西方资本主义国家因劳资问题而引起的各种社会利益矛盾冲突，但是其主张公平的相对性（社会比较公平）对我们在社会主义条件下分析各种不公平现象产生的原因，客观公正地选择比较基准，建立科学的分配激励机制，正确处理个人利益、集体利益和国家利益的关系具有重大的现实意义。

3.5.2 公平的定义

对公平概念的研究由来已久。但由于公平的客观标准很难统一，使得公平的定义到目前为止也很难形成具有权威性的、让人满意和信服的结论。对公平的研究最早可以追溯到先秦时代，当时人们认为公平就是不论强弱、贫富、贵贱、亲疏、远近都能被一视同仁的对待，其实质是一种希望实现人格的平等和社会财富平均分配的理想表达。随着时代的发展和进步，人们开始依据学科背景和研究的侧重点不同对公平的概念进行不同的阐释。经济学家将公平与薪酬、分配相联系，认为公平指的是收入分配的公平[58]。哲学家则从思想的高度对公平进行界定，将公平看作是个人权利和义务的平衡，是付出和报酬、他们被社会承认的程度、罪与罚等方面的一致[59]。法学家从法律制度所追求的核心价值观的角度分析公平，将公平等同于公平原则，不仅要求方法的公平，更注重结果的公平。而社会学家、心理学家、组织行为学家等则关注人们对公平的主观感受和判断[60]。在现代《汉语词典》中，公为公正、合理，能获得广泛的支持；平指平等、平均。公平被解释为公正合理、不偏不倚，是一种比较合情合理的状态。英文用来描述公平的单词主要有 fair（公平）、justice（公平、公正）、equitable（公平、公正、平衡）和 impartial（不偏不倚），这些单词在表示公平时可以替代使用，没有严格的区分。国内外对公平的解释尽管有些差别，但实质都与公正和正义的含义较为接近，即对一切有关的人、事公正平等地对待，是按照一定的客观标准对事物"应然"与"实然"状态比较的一种结果。公平的内容与公平的标准也随着时代的不同、阶级的不同、学派的不同而有所不同。本书中，公平是指公众对涉及自身利益的社会资源、权利、社会关系等的一种心理感受、评价和看法。

3.5.3 公平感的定义

公平感是社会心理学所建构的概念，是人们对自己在社会中所获得的收入、地位、声望与其他人比较或者与自己过去比较而获得的一种主观评价和心理感受。公平感是个体或群体是否被得到公平对待的一种主观感受。公平感会受到社会因素和个体因素的影响。社会因素主要是指社会形态、社会结构、主流文化等。个体因素主要是指个人的知识、文化、与自身利益大小的相关程度。由于公平感受社会和心理因素的影响，而且又是主观心理感受，那么不同的人对同一事件公平与否的结论就可能有不同的看法。但是如果就某一事件而言，绝大多数的民众都有不公平的感受，那这是否是对客观事实的真实反映，就是值得我们所深思的问题了。

我们之所以研究公平感，是因为它会直接影响人们对问题的看法、态度和行为。因为人们一旦感受到不公平，且这种不公平又无法通过社会合法途径得到解决，就会自动寻找宣泄愤怒情绪的出口。现实中一些群体事件的产生虽然都有直接的导火索，但导致事件持续升温并最终上升至强烈社会冲突的根源就是严重不公的存在。虽然从古到今，任何社会都不会有绝对公平的存在，绝对公平仅仅是乌托邦的理想，是人们的一种美好愿望，再和谐的社会也只有相对公平。但公平感是社会治理的基石，一个和谐的社会必定是一个公正的社会。维持一个社会的优良秩序不是丰裕的财富，也不是拥有强制力的国家机器，而是社会的公平正义。因此，无论任何政治体制下，社会的公平与否都应该以这个社会制度下民众的看法和意见作为重要的参考依据，任何社会制度下要想实现公平也只有在相关的权力制约机制下才可能实现，这为我们寻找更有效的管理思路和管理方法提供了有益的借鉴。

3.5.4 公平感的维度

公平感的维度研究来源于组织公平感维度的划分。早期对公平感的研究主要聚焦于分配公平，也就是通常所说的结果公平。分配公平是按照一定的标准对资源分配结果是否公平的一种主观评价，这是公平感最重要的一个维度，是由学者亚当斯首次提出的，是早期研究组织公平感的主流观点。但目前对组织公平感的研究已经不再使用单维度。有学者指出：结果公平普遍存在于社会交换理论中，几乎人与人之间、人与组织之间、组织与组织之间的所有交换都和结果公平相关联。

1979 年，美国学者 Austin 指出公平感不仅包括结果公平，而且包括获得这一结果的过程和方法的公平。研究人员将这种为保障分配结果公平的过程和方法称为程序公平[65]，程序公平关注的是分配的过程是否公平而不是收益本身。Thibaut and Walker 是首次使用程序公平解释不同程序产生心理感知的不同的学者。他们同时指出导致最终结果的过程是评估公平感的一个因素，而过程控制权和决策控制权是程序公平的决定因素，尤其在判断程序公平时这种因素的影响就更为突出。但是在实际操作中由于分配公平与程序公平的关系非常紧密，实证研究中将两者区分开来的难度很大，公平理论的早期研究者就对分配公平和程序公平未加以区分，一并称作分配公平。

直到 20 世纪 80 年，美国学者 Bies and Moag（1986）、Sheppard and Lewiecki（1987）研究发现，程序公平可以被分成两种不同但相关的类型。一种类型涉及程序问题本身而非人际互动，因此被称作程序公平（又称为过程公平）；另一种类型主要涉及执行程序时所受到的人际对待，这种类型被命名为交互公平。Silvia 和 Bagdadli（2000）研究发现，高度的程序公平可以抵消分配不公所带来的负面影响[66]。Sweeney 等人（1993）运用结构方程模型，验证了结果公平和程序公平对预测个人和组织结果上的效果[67]。

交互公平是指交易中对交易质量以及人际关系中不可见部分的感知，关注的是实施分配时人际关系互动对公平感的影响。交互公平用来解释服务部门在服务过程中已经做到结果公平和程序公平时顾客仍然感觉不公平的原因。Bies and Moag（1986）指出判定交互公平的四个标准，分别是向顾客解释决策制定的依据、诚实正直、言语谦恭、举止得体。基于此，公平感被分为结果公平、程序公平和交互公平三个维度。由于这种维度的划分能较好地解释各种组织现象，对组织中员工的行为具有很好的预测作用，因此这种三维度的划分是目前大多数学者比较认可的一种划分。Colquitt 等（2001）研究发现交互公平又可以进一步分为人际公平和信息公平。人际公平是指组织成员接触过程中所受到的尊重和关怀程度的感知。信息公平是指组织成员在交往过程中所受到的相互之间对问题解释的感知。本书中对公平感的维度划分以三维度作为理论研究依据。

3.5.5 公平理论对旅游管理的启示

公平理论可用来解决因分配不公而造成的个人与组织发展目标对立、经济利益背离、矛盾凸显等问题。特别是这种不公正会进一步加剧组织中已经存在的矛盾和权利对抗，使得本已分化的组织成员因对资源的争夺而关系更加恶化。组织管理者致力于维持既得权益，而处于组织底层因权益被侵犯和剥夺而产生强烈不公平感的员工则致力于对权力和利益的授予与获得，这种因分配不公而引发的管理者与被管理者在权力、地位、财富、声望等方面的权力和权益机制分配相反诉求的交锋和碰撞，必然会诱发各种危机和冲突，造成组织效益低下、组织危机频发、组织秩序失控、组织运行脱离正常轨道的混乱局面。国外有学者指出，一切矛盾冲突的根源在于权力和利益的不平等分配，要实现组织的良性和稳定运转，就必须始终坚持公平、公正的管理理念和管理方法并有效地检测、防范和化解组织经营管理中出现的各种不公平、不合理的行为，这是一切管理中最重要的原则。

由于我国的民族村寨往往是旅游资源异常丰富、市场潜力特别巨大、旅游开发价值较高但社会经济相对贫困的地区，如果仅仅依靠社区"内源式"发展，不但无法解决基础设施（交通、通信等）落后、市场规模有限、资源开发深度广度不够、居民恶性竞争等问题，还会因缺乏科学规划与指导而造成旅游经营管理混乱、旅游项目重复建设与盲目开发、旅游资源极大破坏和浪费、生态环境恶化等问题。因此，与其他地区旅游业发展相比，更需要政府对其统筹管理。政府不仅需要为发展当地旅游业投资社会资本不愿意或无能力投资的，周期长、收益低的公共物品，还需要搞好软硬件建设，优化投资环境，整合本地旅游资源，进行区域整体旅游品牌打造，加强形象设计与宣传，制定用于约束和调控旅游开发和管理方面的相关条例、法律、制度和政策等。可见在旅游发展中，政府既是"游戏规则"的制定者同时也扮演着组织管理者的角色。如果将整个民族地区视为一个巨大的发展中组织，政府相关机构的作用则类似于一个组织内部的权威。旅游发展行为是组织权威主导的组织管理行为，民族地区社区居民是组织行为的影响者、参与者和接受者[68]。基于此，本书将借鉴组织公平的结构维度研究民族村寨社区旅游居民的感知公平问题。

3.6 本章小结

本章首先论述了旅游开发中引入政府和开发商的必要性，引出本书的主要议题即居民在旅游开发和发展中合法权利被侵犯、合法利益被剥夺，为了发泄内心的强烈不满和愤怒，已经由个别村民破坏景区景观的私人行为向集体性的堵路、上访、游行、示威等抗议行为演变，甚至在一些地区出现了居民与政府或开发商的严重暴力冲突事件。为有效解决居民与政府或开发商之间的这一矛盾冲突，本书在对大量文献梳理的基础上，对影响民族村寨社区旅游居民满意度的理论基础进行拓展和较为详细的说明，目的是为民族村寨社区旅游居民满意度"概念模型"的提出奠定理论基础。

第4章　研究假设的提出及理论模型的构建

4.1　变量之间的关系研究及理论假设的提出

4.1.1　旅游增权与社区参与的关系及假设

部分国家欠发达民族地区旅游业发展的主控权一直是被政府或开发商高度控制,大多数社区居民往往被排除在由利益主体所形成的权力主体之外,即使社区有部分的话语权也是被既定的精英群体所分享。当社区在权力结构中处于无权或去权状态时,对社区参与的倡导无异于要求投资者们成为放弃逐利的慈善家而政府成为放弃权力的社会福利机构一样不切实际。社区参与只能建立在个人拥有公民权的现代公民社会中[53]。社区参与需要通过改变环境和制度,从而真正地实现权力分享[36]。旅游增权是社区参与的前提和保障,是影响社区参与的决定性因素,如果忽视了权力关系,所谓的社区参与只能是一种体现人文关怀的呼吁,这也是造成社区参与在实践中失败的主要原因。据此提出如下假设:

假设4-1:旅游增权对社区参与有显著的正向影响。

4.1.2　旅游增权与其他潜变量的关系及假设

韦伯曾指出,权力是在一定社会关系中人们对资源和机会按照自己的意志进行处置的能力,是各种社会关系和社会互动的核心,是人类行为的基本驱动力,也是个人身份地位的主要标志之一。权力产生的目的在于维护和实现权利。权利是为道德和法律所确证的权力和利益[54]。现行权利失败的实质是法律制度以及公共政策未能真正对其做出保障性规定。权力可以协调各种社会关系，可以满足人们的自我需求，影响人们对周围事物的感知和态度。据此提出如下假设：

假设4-2：旅游增权对旅游影响感知有显著的正向影响。

Maureen G. Reed 研究发现，利益相关者之间所形成的权力关系是决定利益相关者协作成功与否的重要变量[55]。民族村寨社区居民在利益主体中被边缘化、被剥夺、被排斥，势必造成居民与政府或开发商之间尖锐的矛盾与冲突，从而造成居民对社区旅游的排斥与反感。权力越大人们获取和分配资源的可能性和比例也就越多。权力和资源的关系势必造成权力和满意度之间的关系。有学者通过实证研究得出权力越大，不满意度越低的研究假设[56]。旅游增权使居民个人行动能力获得制度上的支持，通过影响和控制其他利益主体，实现自己正当权益的能力，让居民能平等的与政府和开发商就旅游发展的相关事宜进行协商，从而增强居民的自信、自尊和对社区旅游的依赖和满足感。据此提出如下假设：

假设4-3：旅游增权对居民满意度有显著的正向影响。

在权力结构中，当某一部分权力过度扩展和膨胀或某一部分权力过度抑制和萎缩或者体系之外某种强力不当介入和干预，都会对本该平衡和谐的权力结构造成破坏，其最大的危害就是受权力保护的权利主体的利益遭受不公平的待遇甚至是被剥夺。公平是对一定社区关系的反应，不公平已经成为诱发大众心理失衡、产生社会矛盾的一个焦点。不公平的实质是权力结构的不平等。权力的不平等必然使权利成为任人宰割的羔羊，这往往成为公众与管理者矛盾冲突的根源。制度规范既要支持权力的存在，也同样要对权力加以限制，维持权力结构的平衡。不平衡的权力分配机制必将对公平性产生重要的影响。民族村寨社区居民进行集体上访、与管理者发生暴力冲突的主要原因就在于无权或去权的现实让他们受到了严重不公正的待遇，导致权益得不到尊重，利益得不到诉求。只有社区居民与政府或开发商等开发机构具有同等强度的权力才能消除居民的无助感、相对剥夺感以及不公平感。据此提出如下假设：

假设4-4：旅游增权对居民的公平感有显著的正向影响。

4.1.3 公平感与居民满意度的关系及假设

目前，关于公平感与满意度的研究主要集中于服务公平性对顾客满意度以及组织公平感对员工工作和薪酬满意度的影响。其中在服务补救公平性与顾客满意度的关系研究中，比较有代表性的观点有：Oliver and Swan 认为顾客满意是根据顾客对交易是否公平的感知与判断，并指出顾客公平感会对满意度有影响[61]。Severt 提出了公平感对顾客满意度影响的路径模式，并指出程序公平、互动公平与分配公平与满意度具有显著的相关关系[62]。Swan 等把公平的概念运用到顾客满意的研究上，指出公平的感觉对顾客满意有正向或负向的影响[63]。在员工薪酬与满意度的关系研究中比较有代表性的观点有：Lee 和 Roland（1976）研究发现，组织薪酬管理制度的公平性对员工的薪酬满意度有显著的影响。Summers 和 Herndrix（1991）研究指出，分配公平不仅与员工薪酬满意度相关联而且对满意度的影响比重最大。一系列的研究表明个体受到公平对待会增强对组织的满意度、归属感与责任感，并且与感知不公平的员工相比，公平感较高的员工会有更高的工作热情和更好的工作表现。相反，如果人们感到不公平就会积极地采取行动改变这种状态。特别是不公平感由个体层面上升到群体层面时，就会导致矛盾不断凸显甚至激化，这也就是一些群体性事件和社会冲突产生的根源。因此许多学者指出公平并不一定满意，但不公平一定会导致不满意，所以感知公平是满意度的一个前置因素。但国内对居民感知公平对居民社区旅游满意度的理论和实证研究还存在一定的空白。民族村寨社区旅游居民与其他利益相关者矛盾冲突的根源就是感觉自身受到了严重不公正的待遇，自身的权益被强势群体剥夺。所以，极端的不公平感造成了极端事件的出现。"只有实现了公平，才能最大限度地消除种种社会问题"。因此，对公平的追求其本身就是社会生活的行动指南和道德方向[64]。据此提出如下假设：

假设 4-5：公平感对居民社区旅游满意度有显著的正向影响。

4.1.4　社区参与与感知公平的关系及假设

获取利益是社区参与的最重要的驱动因素之一。Cevat Tosun（2000）研究指出在部分国家，旅游收益在不同利益主体之间不合理的分配，实质上是社区伪参与的一种体现，这一过程本身就是对现行权力模式以及财富分配不公的诠释。大多数发展中国家欠发达地区对居民社区参与缺乏制度化、法制化保障，导致这些地区的社区参与只能是一种象征式的或被动的执行式的参与，社区参与只能停留在理论层面或者只是一个喊得响亮的口号。中国西部少数民族地区由于缺乏资金等发展资源，很多时候只能以出让旅游资源经营权获取政府或开发商的支持，而政府或开发商为了保障自身的利益也不愿意和居民分享权力，这就进一步造成了居民社区参与权力的弱化甚至丧失，直接的后果就是旅游开发规划、决策管理等过程忽视或者忽略居民的意见和需求，使得社区居民的权利被践踏，权益得不到保障。不仅社区参与无法取得预期的效果，而且这种显失公平和公正的参与还容易进一步激化居民与政府或开发商之间的矛盾。Keogh（1991）[70] 指出，社区居民只有对与自己切身利益相关的旅游决策能以平等身份主体进行主动参与，获得旅游发展和管理的优先权，才能提高参与的效能感与公平感，才能从旅游发展中获得最大利益。据此提出如下假设：

假设4-6：社区参与对居民的公平感有显著的正向影响。

4.1.5　旅游影响、感知公平、社区参与的关系及假设

旅游发展是一把"双刃剑"，它在促进旅游目的地社会进步、增加经济收入、繁荣当地文化发展的同时，也不可避免地会改变甚至恶化旅游目的地固有的经济、生活方式、思想观念、自然环境状态和社会文化，势必给旅游目的地带来诸多性质和程度不同的影响[71]。而目的地居民既是目的地的主人，又是目的地旅游内容的重要组成部分[72]，同时还是旅游正负面影响的最终接受者和承担者，因此了解居民对旅游影响的感知和态度，不仅关系到地方政府旅游政策的调整和实施、旅游市场的发展和运转，而且还关系到旅游目的地的对外形象和可持续发展目标的实现。旅游目的地居民不但是和游客接触最多也是对旅游影响感知最强烈的人群，旅游影响关系到居民的切身利益，如果他们不能公平地分享旅游收益并不得不承担旅游带来的各种负面影响，他们对旅游者以及旅游业往往会报以敌视的态度。一旦这种情况出现，势必出现一种当地居民、旅游者、旅游业多方受损的不利态势[73]。而积极的社区参与不仅可以提高社区旅游业的综合效益，而且还能有效减少或削弱旅游发展带来的负面影响，提高居民对社区旅游的满意度和支持度，社区参与是对旅游社区影响问题的响应[73]。因此，社区旅游业的发展离不开旅游目的地居民的支持与合作。决策者和管理者要及时了解居民对社区旅游影响的感知程度、接受程度和支持程度，就需要在制定政策和措施时充分考虑居民的需求并采纳居民的合理化建议。据此提出如下假设：

假设4-7：旅游影响对居民的公平感有显著的正向影响。

假设4-8：社区参与对旅游影响有显著的正向影响。

4.1.6　社区参与与居民满意度的关系及假设

社区居民通过参与旅游开发、决策、规划和管理等过程，可以让旅游管理部门及时了解居民的意见和需要，使出台的政策措施更符合民意，更能获得居民的积极配合和支持，从而避免因未考虑或者疏忽居民需求的强制措施对居民情感和利益的伤害而引起的居民抵触情绪甚至是对抗行为。只有当地社区居民

积极地、充分地参与旅游发展，他们自身的利益才能得到保障，他们传统的生活方式和价值观念才能得到应有的尊重（Gunn，1994；Lankford and Howard，1994；Linderberg and Johnson，1997；Mitchell and Reid，2001；Sheldon and Abenoja，2001；Timothy，1999；Wells，1996）。但是，由于社区参与往往被未能代表社区居民的旅游管理部门或开发商所主导，社区居民的诉求无法在社区参与中得以表达，权益也无法在社区参与中得到保障。旅游发展中忽视甚至是排斥对旅游发展最有发言权、对旅游负面影响最有切身体会的居民参与，成为引发广大居民与旅游管理部门或开发商矛盾冲突的导火索。特别是在很多不发达地区，旅游社区参与更多表现为：在地方旅游业中从事外地人员不愿意从事的、不需要什么专业技能的廉价工作。这种社区参与实质上是对居民社区参与权的践踏与抹杀，也势必造成社区居民对旅游发展消极的、负面的感知和态度，阻碍地方旅游业的发展。有研究表明，社区居民从旅游发展中能否以及获得多大的收益取决于他们的社区参与程度。尽管有学者对这一观点产生怀疑，但是大多数学者认为社区居民只有积极参与社区旅游，才能使自己的合法权益得到保障，才会乐观积极地支持旅游业的发展。据此提出如下假设：

假设4-9：社区参与对居民的满意度有显著的正向影响。

4.1.7 旅游影响与居民满意度的关系及假设

国外学者（Andereck，Valentine，Knopf，Vogt，2005；Kwon & Vogt，2010）研究指出：旅游业的发展不仅会给旅游目的地带来经济和社区收益，而且也会产生旅游成本，影响社区居民的生活。居民不仅是旅游发展的直接参与者也是旅游影响最直接的感受者，旅游业要成功地实现可持续发展就离不开当地社区居民的积极支持（Gursoy & Rutherford，2004）。因此，在制定旅游规划或者出台旅游政策时，政府充分考虑受旅游影响的旅游目的地社区居民的意见和建议，是至关重要的。Andereck et al.（2005）利用社会交换理论研究指出，居民对旅游业的支持程度取决于其感受到的旅游收益和旅游成本的大小，如果他们觉得从旅游发展中获得的收益高于其支出的成本，那么他们会对旅游业的发展感到满意并积极支持。也就是说，如果社区居民感知到的积极影响高于消极影响，他们就更加愿意支持社区旅游业的发展（Allen，Hafer，Long，Perdue，1993；Gursoy & Kendall，2006；Gursoy et al，2010）。兰克福德和霍华（1994）指出：通过对目的地居民旅游影响感知的研究可以更好地协调居民与政府或开发商以及旅游者的矛盾，使旅游业的发展获得当地居民的支持。国内外已有的大量研究表明：旅游影响特别是积极影响对目的地居民满意度的方差贡献显著。据此

提出如下假设:

假设4-10:旅游影响对居民满意度有显著的正向影响。

4.2 影响路径概念模型的构建

根据上面的研究假设,本章提出本书的理论概念模型,如图4.1所示。在该模型中,旅游增权为自变量,居民满意度为因变量,社区参与、旅游影响与感知公平为中介变量。

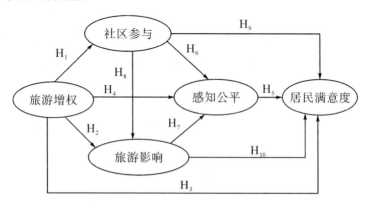

图4.1 本书的理论概念模型

4.3 本章小结

本章首先对旅游增权、社区参与、旅游影响、感知公平、居民满意度等变量之间的关系进行了理论依据的阐释与说明,在此基础上提出了本书的研究假设。其次,在第三章的理论拓展和第四章的研究假设基础上,提出了本书的概念模型。

第5章 研究背景、量表开发与样本预试

5.1 研究背景

5.1.1 案例点的选择

我国现有的民族村寨主要集中在贵州、云南、四川、广西、宁夏、新疆等西部地区。世居西部的少数民族多达 50 多个,少数民族人口在西部民族自治地方的人口比重除了宁夏占 34.63% 外,其余皆超过所占比重的 50%。在全国 77 个地级民族自治行政单位中,西部就占了 59 个(郑向敏,2008)。西部地区的民族村寨不仅数量较多而且具有显著的资源优势,因此,西部民族村寨成为学者们进行广泛而深入研究的首选。常见的案例研究点如表 5.1 所示。

表 5.1 西部地区典型民族村寨旅游案例研究点[104-132]

省域范围	民族村寨典型案例点
贵州省	花溪镇山布依族村寨、黔南州巴拉河流域民族村寨群（包括南花苗寨、郎德上寨、季刀苗寨、怀恩堡、猫猫河苗寨、南猛村等）、西江千户苗寨、青曼苗寨、麻塘革家寨
云南省	西双版纳傣族园、怒江州丙中洛乡重丁村、大等喊傣家村寨、新平县大槟榔园花腰傣村、香格里拉霞给藏族民族村、大理新华白族民族村、德钦县雨崩村、泸沽湖摩梭社区
四川省	丹巴县甲居藏寨、理县桃坪羌寨、泸沽湖摩梭社区、攀枝花市迤沙拉俚濮彝族村寨

表5.1(续)

省域范围	民族村寨典型案例点
广西壮族自治区	恭城红岩村、龙胜平安寨、龙胜龙脊古壮寨、龙胜金竹壮寨、那坡弄文屯、三江仁里村、临桂蝴蝶谷

本书进行的是民族村寨社区旅游居民满意度的提升路径研究，旨在通过本书对引发社区旅游居民与政府或开发商矛盾冲突的主要因素进行分析，目的是解决旅游开发与发展中因矛盾冲突对社区旅游可持续发展的严重制约，从而增进旅游发展的公平性与可持续性。

本书选择桃坪羌寨和甲居藏寨作为民族村寨社区旅游的案例，主要基于以下三种原因：其一，这两个村寨都拥有大量高品位的、独特的民俗旅游资源，尤为重要的是这两个民族村寨都出现过因旅游分配问题而引发的社区居民与当地政府或旅游开发商之间的矛盾与冲突。其二，受研究的时间、人力以及财力所限，本书尽可能选择了四川省的典型民族村寨进行研究，两个案例点分别居住着羌族、嘉绒藏族两个不同的少数民族，这为研究民族村寨社区旅游居民满意度提供了一个理想的样本地。其三，两个案例点社区旅游开发模式不同，桃坪羌寨采用政府主导外来投资商经营管理模式，甲居藏寨采用政府主导社区参与模式，这两种模式都是目前我国民族村寨社区旅游采用的两类典型的旅游发展模式。因此，这两个民族村寨社区旅游居民满意度的研究具有极强的代表性和典型性。笔者归纳总结了两个案例点的基本情况，见表5.2。

表 5.2　民族村寨案例点选择情况[133]

案例点选择	民居建筑	民族风情	乡村田野风光	典型性和代表性
桃坪羌寨	羌碉和庄房	浓郁的羌族风情	地处杂谷河河谷，具有优美的羌族农业景观和田园风光	被誉为"神秘的东方古堡""羌族建筑艺术活化石"，是羌族建筑的典型代表
甲居藏寨	藏式碉楼	嘉绒藏族风情	地处大金川河谷，嘉绒藏族农业景观及其生产方式	"中国最美藏寨""藏区童话世界"和"康巴风情名片"

5.1.2　案例点的概况

5.1.2.1 桃坪羌寨

桃坪羌寨始建于公元前 111 年，位于岷江上游杂古脑河畔的阿坝藏族羌族自治州理县桃坪乡，距今已有两千多年的历史。桃坪羌寨因其独特的"依山而居，累石为室"的羌族建筑风格和羌族文化被誉为"神秘的东方古堡"和"羌族建筑艺术活化石"。整个山寨，没有单门独户的房子，所有寨房相连相通，外墙用卵石、片石相混建构，斑驳有致，是世界建筑史上绝无仅有的一大奇观。而寨中巷道纵横，筑成了以高碉为中心的放射状的 8 个出入口。8 个出入口又以 13 个甬道织成四通八达的路网，寨内人进出自如，而外来人却如入八阵迷宫，非本寨人指引，不可通行。桃坪羌寨现有 150 户居民，人口总数500 多人，其中 99% 的居民为羌族，全寨从事旅游经营的居民户高达 90% 以上，旅游业已经成为其主要的收入来源，并对当地居民的生产和生活产生了深刻的影响。自从 1996 年实行旅游开发以来，桃坪羌寨凭借其独特的民俗旅游文化资源，成为少数民族村寨的典型代表，因此吸引了络绎不绝的海内外游客前来观光、考察。

5.1.2.2　甲居藏寨

甲居藏寨位于四川省甘孜藏族自治州丹巴县聂呷乡，是丹巴县最具特色、知名度最广、最具有旅游吸引力的景区。甲居藏寨的面积约 5 平方千米，距离县城约 8 千米，海拔为 1 750 ~ 1 860 米，居住的是嘉绒藏族居民。"甲居"在藏语中是百户人家的意思。2007 年以前，甲居藏寨景区主要由甲居 1 村和甲居 2 村组成，共有村民 140 余户，2007 年之后景区范围逐渐扩大，涵盖了甲居1 村、甲居 2 村、甲居 3 村、卡恰 1 村、卡恰 2 村和卡恰 3 村，共有居民 280余户，居民 1 180 余人。甲居藏寨与哈尼村落、图瓦村、肇兴桐寨、婺源古村落、大研镇被誉为中国最美的六大乡村古寨。甲居藏寨的建筑属于独特的藏式楼房建筑，一户人家住一幢寨楼。寨楼一般坐北朝南，寨楼占地约 200 平方米，高 15 米左右，属于石木结构。甲居藏寨内民居的木质构架部分和屋檐均为红色。在二层以上的墙体刷白色或墙体原色与白色相间。甲居藏寨从大金河谷层层向上攀缘，一直伸延到卡帕玛群峰脚下，其凭借浓郁的民俗风情、深厚的文化底蕴以及天人合一的独特生态藏寨景观被誉为"中国最美藏寨""藏区童话世界"和"康巴风情名片"。

5.2　量表开发

5.2.1　量表开发理论与过程

量表是将概念内化成具有内在结构关系、用于样本数据收集与测量的工具，是进行实证研究的首要环节。在量表开发时，首先，要以理论开发部分形成的研究模型为基础，确定量表的研究构面，也就是将理论模型中的概念变量用具体可测量的维度表达出来。对于复杂的量表，应考虑使用子量表。其次，确定量表的题项。为了使量表指标更科学合理，研究中尽可能采用经过实证检验的相对成熟的量表，若无适合本书的现成量表或现有的量表不适合进行本土化研究，就需要进行量表开发。因为受国外学者的社会环境、风俗习惯、教育背景、特定文化差异的影响，其开发出来的量表在认知上和国内存在较大差异，这种情况意味着适合国外的量表应用到国内时可能会缺乏测量效度。以前我国学者进行定量研究所使用的量表，大多是借鉴发达国家相关的研究成果，但随着我国学术水平的推进，管理学界越来越重视进行本土化量表的开发研究，鼓励国内学者在质性研究的基础上构建测量内容，产生测量指标。

初始测量题项的生成一般应从理论和实际两个角度进行确定，这样可以使设计的初始量表更符合现实情况，并有效避免后续研究对量表较大工作量的修改。具体方法是：一方面，通过文献研究法收集前人量表中已有的题项，然后根据对题项的分析，明确哪些题项是本书可以直接使用的，哪些题项是必须做相应的调整修改后才能使用。另一方面，依据研究目的和研究内容确定访谈对象，通过对目标群体的深度访谈和焦点访谈，了解、归纳和总结出测量题项或萃取题项。题项生成过程中，另外一个重要的环节就是题项的分配。这一过程主要是在对各维度清晰界定的基础上，将各个测量指标分配到相应的维度中去。

为了减少量表偏差，开发量表时还必须遵循相关原则，如避免使用复杂术语、设计的问题要简单易懂、选项之间要有排他性等。Peter & Churehill（1986）、Churehill & Peter（1984）、薛薇（2009）[134-136] 研究指出，问卷的长度、量表的开发方法（主位法还是客位法）、量表发放程序、量表类型、量表结构、量表表述、量表指标的编排顺序、问项数量等因素都会影响一个量表测量的信度与效度。本书的量表开发过程示意图见图5.1。

图 5.1　初试量表开发过程示意图

5.2.2　访谈研究的过程

为了对民族村寨社区旅游居民满意度问题进行更加深入的研究，使调查问卷的内容设置更合理，课题组利用2017年暑假时间前往甘孜藏族自治州丹巴县甲居藏寨和阿坝藏族羌族自治州理县桃坪羌寨，进行了为期半个月的深度访谈。

第一步，为了使本次访谈达到预期目的，在实施访谈之前，课题组首先对进行访谈的人员就访谈目的、访谈内容、提问方式和顺序以及访谈记录的方式、访谈的时间控制等进行了培训。

第二步，访谈对象的确立。本次进行民族村寨社区旅游居民满意度深度访谈以两类被调查者为对象：一类是普通村民，另一类是村干部。由于开始受访者不愿意贸然接受陌生人访谈，因此花费了较多时间与之进行沟通和协调，并对所有接受我们访谈的对象，在访谈前向他们讲明了本次访谈是匿名进行的，调研的结果仅仅用于学术研究，而且为了打消被访谈者的其他一些顾虑，避免他们不敢或不能真实表达自己的想法，所有的访谈都是访谈者和被访谈者单独进行的。在整个访谈过程中尽量营造一种轻松愉快的氛围，使被访谈者能够畅所欲言，对于文化程度不高的普通寨民，在访谈中进行了适当引导，有时还需要做详细的解释和翻译。

第三步，访谈结果。通过对当地居民的访谈得到如下的结论：①居民在旅游发展中普遍存在权利缺失问题，社区需要政府更多的授权来维护自身的权益。②社区参与不到位、感知成本大于感知收益、利益分配不公是旅游发展中的主要现实问题。③旅游增权、社区参与、旅游影响和感知公平会影响居民的社区旅游满意度。

5.2.3　初始测项的产生

到目前为止，对民族村寨社区旅游居民满意度的定量研究成果还相当欠缺。居民社区旅游满意度研究是否可以从旅游增权、社区参与、旅游影响、感知公平几个层面进行评估？这些因素与居民对社区旅游的满意度是否相关？如果存在关联，关系又是怎样的？为了解决上述问题，对甲居藏寨和桃坪羌寨的居民进行了半结构式访谈。本书通过深入访谈和文献研究筛选出影响民族村寨社区旅游居民满意度最重要的四个因素，分别是旅游增权、社区参与、旅游影响和感知公平，并通过归纳、整理，形成了一个包含77个题项的初始测量题项库，如表5.3所示。

表 5.3　量表的初始题项

题项
1. 有保障居民监督、控制旅游开发与发展的机制
2. 旅游收入分配有相应制度规范
3. 有规范的居民维权制度
4. 有规范和约束旅游开发商或政府管理部门行为的制度
5. 有平衡旅游利益主体权利和义务的制度安排
6. 有保障社区居民自由使用社区资源从事农林矿牧渔业的制度
7. 有保障社区居民优先参与本地旅游开发、管理和项目建设的规章制度
8. 本地居民应有机会学习新的事务
9. 本地居民应有机会培养新的技能
10. 本地居民应有机会从事高技能工作
11. 居民决定风俗文化是否同旅游者分享
12. 居民有权参与旅游决策的制定
13. 居民有权决定有关旅游规划问题
14. 居民有权参与社区旅游的日常管理
15. 居民有权避免旅游的好工作全部被外来者拥有
16. 居民有参与旅游管理的意识
17. 居民能和投资者实现利益共享
18. 旅游所产生的利益要在当地广泛分配
19. 旅游利益被少数人获得是可以接受的
20. 居民应承担保护本地自然环境的重任
21. 居民要主动阻止其他人破坏自然环境
22. 居民要同政策的制定者讨论环境问题
23. 旅游发展改善了本地外观和公共服务设施
24. 旅游发展给居民带来了新的工作机会
25. 旅游发展提高了本地居民的个人或家庭收入
26. 旅游发展为本地吸引了更多的投资
27. 旅游发展提高了本地的知名度

表5.3(续)

题项
28. 旅游发展促进了文化交流
29. 旅游发展促进了本地居民思想观念的更新或进步
30. 旅游发展促进了文化活动多样性
31. 旅游发展促进了本地经济的快速发展
32. 旅游发展促进了文化遗产保护
33. 旅游发展有利于当地文化的挖掘和发展
34. 旅游发展提高了治安水平
35. 旅游发展增强了居民或政府的环保意识
36. 旅游发展促进了本地环境的保护
37. 旅游发展引起了本地的物价上涨
38. 旅游发展使得土地、房屋价格上涨
39. 旅游发展导致了居民贫富两极分化
40. 旅游发展只使少数人获益
41. 旅游发展导致交通和娱乐设施拥挤
42. 旅游发展增加了赌博和非法娱乐活动
43. 旅游发展使本地的优良传统受到冲击
44. 旅游发展使人们之间的相互信任程度降低了
45. 旅游发展造成了居民邻里关系恶化
46. 旅游发展使本地社会道德标准下降
47. 旅游发展使本地居民的生活观念和家庭关系受到冲击
48. 旅游发展破坏了宁静的生活氛围
49. 旅游发展破坏了本地的生态系统
50. 旅游发展破坏了自然环境和自然景观
51. 旅游发展使本地环境污染（水、空气、噪音、垃圾等）加重
52. 社区居民可以通过公开公正的渠道进入旅游企业相关管理部门工作
53. 失去了原有房屋或土地的居民得到了政府的合理经济补偿
54. 我得到的旅游经济补偿或收益与我为旅游发展所做的贡献相吻合

题项
55. 居民旅游收益提成会随着社区旅游的发展而增加
56. 我总有机会直接跟相关政府工作人员反映情况
57. 我和身边的人都有机会接受旅游行业就业技能培训
58. 只要自己加倍努力，在本地就能得到比其他地方更好的回报和发展机会
59. 旅游收益分配方案能够代表大多数居民的意愿
60. 我可以通过正式渠道表达我对旅游收益分配问题的看法或感受
61. 地方政府对损害居民权益行为的处理是及时有效的
62. 各利益群体表达利益诉求的程序是公平公正的
63. 地方旅游业发展有正规的程序确保决策者的决定不受个人偏见影响
64. 地方政府每次都以同样的方式执行正式的程序
65. 地方旅游业发展有正规程序确保决策者在准确信息基础上做出决定
66. 居民感觉有失公平的决定有正规的质疑程序
67. 政府工作人员处理我遇到问题的态度是谦逊的
68. 政府工作人员付出了足够的努力解决我遇到的问题
69. 政府或开发商让我知道景区运行和年度红利情况
70. 我愿意与政府工作人员打交道，因为他们友好礼貌、诚实可信
71. 我与政府工作人员的沟通是愉快的
72. 政府工作人员会对我的需求表示关心
73. 我的提问和要求总是能得到一定的回应或重视
74. 政府工作人员尊重和重视我们反映的问题
75. 与期望中的旅游发展相比较，居民对本地旅游发展的满意度
76. 与其他邻近村寨相比较，居民对本地旅游发展的满意度
77. 居民对旅游发展的总体满意度

为了保障初始量表具有一定的表面有效性和内容有效性，随后笔者邀请了
8位旅游学专家和3位旅游学博士组成了评估组对民族村寨社区旅游居民满意
度初始题项进行评估。专家和学者们对题项筛选的依据是：①各个题项的描述
是否清晰准确；②各题项是否准确地表述了概念所要测量的内容；③对各题项
所描述的民族村寨社区旅游居民满意度的内容在现实中存在的普遍性进行评

定。使用李克特7点量表法："1"表示无人有此描述，"2"表示极少数人有此
描述，"3"表示少部分人有此描述，"4"表示有一半左右的人有此描述，"5"
表示有较多的人有此描述，"6"表示有绝大多数人有此描述，"7"表示几乎
所有人都有过此种描述。经过上述旅游学专业人员对各题项进行评估后，对平
均分低于"3"的题项进行了删除。这是因为根据专业人士的经验，居民很少
会关注这些题项的内容，也就是说，得分低于"3"的题项缺乏普适性，所以
将其删除，最后形成了具有42个题项的初试量表，用于定量数据收集和研究，
具体内容如表5.4所示。

表5.4　初步分析后的题项

题项	均值
1．有保障居民监督、控制旅游开发的机制	6.9
2．旅游收入分配有相应制度规范	6.9
3．有规范的居民维权制度	6.9
4．有规范和约束旅游开发商或政府管理部门行为的制度	6.9
5．有平衡旅游利益主体权利和义务的制度安排	3.6
6．有保障社区居民自由使用社区资源从事农林矿牧渔业的制度	6.9
7．有保障社区居民优先参与本地旅游开发、管理和项目建设的规章制度	6.9
8．居民有权参与旅游决策的制定	6.8
9．居民有权决定有关旅游规划问题	6.8
10．居民有权参与社区旅游的日常管理	6.8
11．居民有权避免旅游的好工作全部被外来者拥有	6.7
12．居民有参与旅游管理的意识	6.8
13．居民能和投资者实现利益共享	6.8
14．旅游发展提高了本地的知名度	6.7
15．旅游发展改善了本地外观和公共服务设施	6.7
16．旅游发展给居民带来了新的工作机会	6.7
17．旅游发展提高了本地居民的个人或家庭收入	6.6
18．旅游发展促进了本地居民思想观念的更新或进步	5.1
19．旅游发展有利于当地文化的挖掘和发展	4.2

表5.4(续)

题项	均值
20. 旅游发展为本地吸引了更多的投资	3.5
21. 旅游发展促进了本地环境的保护	5.5
22. 旅游发展引起了本地的物价上涨	6.5
23. 旅游发展只使少数人获益	6.5
24. 旅游发展造成了居民邻里关系的恶化	6.5
25. 旅游发展使本地环境污染（水、空气、噪音、垃圾等）加重	6.5
26. 旅游发展使本地的优良传统受到冲击	4.5
27. 旅游发展使本地居民的生活观念和家庭关系受到冲击	3.4
28. 旅游发展导致了居民贫富两极分化	4.4
29. 失去了原有房屋或土地的居民得到了政府的合理经济补偿	6.4
30. 我得到的旅游经济收益与我为旅游发展所做的贡献相吻合	6.4
31. 居民旅游收益提成会随着社区旅游的发展而增加	6.4
32. 旅游收益分配方案能够代表大多数居民的意愿	6.4
33. 我和身边的人都有机会接受旅游行业就业技能培训	4.9
34. 我可以通过正式渠道表达我对旅游收益分配问题的看法或感受	5.6
35. 地方政府对损害居民权益行为的处理是及时有效的	6.3
36. 居民感觉有失公平的决定有正规的质疑程序	6.3
37. 我愿意与政府工作人员打交道，因为他们友好礼貌、诚实可信	6.3
38. 政府或开发商让我知道景区运行和年度红利情况	6.3
39. 政府工作人员尊重和重视我们反映的问题	6.3
40. 与期望中的旅游发展相比较，居民对本地旅游发展的满意度	6.2
41. 与其他邻近村寨相比较，居民对本地旅游发展的满意度	6.2
42. 居民对旅游发展的总体满意度	6.2

经过对题项初步分析后，本书形成了"民族村寨社区旅游居民满意度"的初步问卷。该问卷共由两大部分组成，第一部分为居民人口社会学调查的基本信息，内容包括：性别、年龄、受教育程度、家庭人均月收入、是否原住民、家庭从事旅游的人数、家庭的收入来源、与旅游业的关系、在本地居住的时间。第二部分为民族村寨社区旅游居民满意度调查，是问卷的主体部分，对

民族村寨社区旅游居民满意度调查问题使用李克特量表进行测量，共 42 个题项。尽管有研究表明 5 点量表、9 点量表与 7 点量表在设计上并没有本质区别（Churchill & Peter，1954；Peterson，1994），但研究者一般认为 7 点量表更加符合人的认知和处理能力（Miller，1956；Cox，1980）[137-138]。因此，本书采用李克特 7 点量表对民族村寨社区旅游居民满意度进行测量，并按所测选项的符合程度或确定程度为选项进行赋值打分，从完全不同意/极低，到完全同意/极高，分别给予 1~7 的分值。

5.3 题项初步精简与样本预试

5.3.1 题项初步精简

为了使开发的量表具有较好的代表性，在实施正式大规模问卷发放之前，需要对问卷进行初步测试。目的是通过初测，对原有题项进行筛选，以便形成简洁有效的测量题项，生成最终正式量表。2018 年 12 月 16—29 日，课题组再次进入村寨进行实地调研。在为期 14 天的调查中，前 6 天通过对量表题项初测，对原有题项进行修正，后 8 天主要进行的是预试小样本的收集工作。为了防止单一民族村寨社区旅游所收集的数据缺乏普适性的问题，课题组分成了两个小组，一组前往桃坪羌寨进行调研，另一组前往甲居藏寨进行调研。通过随机选取回收的 40 份居民样本（桃坪姜寨 20 名居民样本，甲居藏寨 20 名居民样本）对量表题项进行评价。评价的标准采用均值和方差的方法。学者 Bennett 和 Robinson（2000）研究指出，如果均值较小（均值小于 2）则意味着该事件的发生频率较低，因此有必要将其删除。方差的参考标准采取学者 Devellis（1991）的观点，即如果题项的方差较低（方差低于 1.5），则意味着该题项在不同样本中的区分度较低，所以有必要将其删除。通过对题项的均值和方差两个标准进行分析，共删除 6 个题项，得到一个包含 36 个题项的量表，具体题项内容见表 5.5。

表 5.5　民族村寨社区旅游居民满意度频次的均值和方差

题项	均值	方差
1．有保障居民监督、控制旅游开发的机制	2.033 3	1.792
2．旅游收入分配有相应制度规范	2.765 1	1.866

表5.5(续)

题项	均值	方差
3. 有规范的居民维权制度	2.642 8	1.630
4. 有规范和约束旅游开发商或政府管理部门行为的制度	2.169 7	2.109
5. 有平衡旅游利益主体权利和义务的制度安排	2.263 1	1.965
6. 有保障社区居民自由使用社区资源从事农林矿牧渔业的制度	2.200 0	1.648
7. 有保障社区居民优先参与本地旅游开发、管理和项目建设的规章制度	2.393 8	1.813
8. 居民有权参与旅游决策的制定	3.152 4	2.695
9. 居民有权决定有关旅游规划问题	3.300 0	2.114
10. 居民有权参与社区旅游的日常管理	2.401 5	1.559
11. 居民有权避免旅游的好工作全部被外来者拥有	2.804 4	1.569
12. 居民有参与旅游管理的意识	3.245 3	3.172
13. 居民能和投资者实现利益共享	2.533 2	2.016
14. 旅游发展改善了本地外观和公共服务设施	5.636 1	2.051
15. 旅游发展给居民带来了新的工作机会	4.561 7	3.082
16. 旅游发展提高了本地居民的个人或家庭收入	3.664 6	2.713
17. 旅游发展促进了本地居民思想观念的更新或进步	3.377 2	2.378
18. 旅游发展有利于当地文化的挖掘和发展	5.289 4	1.789
19. 旅游发展引起了本地的物价上涨	4.138 5	1.868
20. 旅游发展只使少数人获益	5.914 5	1.706
21. 旅游发展造成了邻里关系的恶化	6.158 7	3.316
22. 旅游发展使本地环境污染（水、空气、噪音、垃圾等）加重	6.866 3	1.775
23. 失去了原有房屋或土地的居民得到了政府的合理经济补偿	3.400 0	3.455
24. 我得到的旅游经济收益与我为旅游发展所做的贡献相吻合	3.536 7	2.368
25. 居民旅游收益提成会随着社区旅游的发展而增加	2.800 5	3.062
26. 旅游收益分配方案能够代表大多数居民的意愿	3.684 4	2.172
27. 我可以通过正式渠道表达我对收益分配问题的看法或感受	3.187 7	2.626
28. 地方政府对损害居民权益行为的处理是及时有效的	2.238 3	3.220
29. 居民感觉有失公平的决定有正规的质疑程序	3.369 8	1.757

表5.5(续)

题项	均值	方差
30. 我和身边的人都有机会接受旅游行业就业技能培训	2.366 3	1.865
31. 我愿意与政府工作人员打交道，因为他们友好礼貌、诚实可信	2.742 4	1.875
32. 政府或开发商让我知道景区运行和年度红利情况	2.536 9	1.899
33. 政府工作人员尊重和重视我们反映的问题	2.789 7	1.620
34. 与期望中的旅游发展相比较，居民对本地旅游发展的满意度	4.526 1	3.472
35. 与其他邻近村寨相比较，居民对本地旅游发展的满意度	2.654 4	1.887
36. 居民对旅游发展的总体满意度	2.533 6	1.868

5.3.2 问卷前测

预试问卷编拟完成后，应开始用小样本进行问卷前测（具体参见附录一：探索性测试问卷）。通过问卷前测不仅可以消除使受访者感到模棱两可的问题，而且可以通过少数受访者检验问题的适当性，对问卷中的题项进行改进或剔选。同时问卷前测还可以有效避免大样本调查后出现题项调整的难题。因此，为保障研究的科学性与有效性，通过小样本进行问卷前测尤为重要。吴明隆（2003）指出，预试对象的性质应该与将来正式问卷要抽取的对象性质相同[139]。本次预试研究以甲居藏寨为调查对象进行样本的初步调查，采取入户随机调查的方式，针对部分居民难以理解问卷的问题，调研人员及时进行了讲解和说明。在预试过程中应该选取多少样本数最为适宜，不同学者给出了不同的观点。Devellis（1991）指出问卷数的多少与是否进行因素分析相关，因为进行因素分析时，较大样本分析所呈现的因素组型比一个只用较小样本所出现的因素组型要稳定。因此，如果量表的题项数越多及预期要有较多的因素层面，应有较多的样本。学者 Tinsley（1987）建议进行因素分析时，每个题项数与预试样本的比例为 1∶1~1∶10，但如果受试者人数在 300 人以上时，这个比例便不是那么重要了。Gorsuch（1983）指出问卷题项数目与有效样本数的比值应该达到 1∶5，且样本数越多越好。Comrey（1988）提出另一观点，即如果量表的题项数少于 40 题，中等样本数约是 150 份，较佳样本数是 200份。本书的问卷题项数是 36 个，考虑到人力、时间和成本等因素的限制，共发放问卷数 189 份，实际回收 189 份，调查问卷的回收率为 100%。为了确保问卷数据的科学性，必须对回收的 189 份问卷进行筛选。问卷筛选一般遵循以下标准[140]：①量表所测题项中缺答、漏答题项累计超过15%的予以删除；
②问卷填答呈现明显规律性的（例如所有问项均回答同一选项）予以删除；
③量表大部分选择"不确定"的予以删除。通过对实际回收问卷进行筛选和
删除，最终得到有效问卷154份，有效问卷的回收率为81%。本次有效样本的
描述统计如表5.6所示。

表5.6 预试样本的特征描述

统计变量	样本个数	百分比	统计变量	样本个数	百分比
性别			居住年限		
男	83	53.9%	少于5年	11	7.1
女	71	46.1%	5~10年	8	5.2
小计	154	100%	11~20年	21	13.6
是否原住民			21~30年	53	34.4%
本地居民	136	88.3%	30年以上	61	39.6%
外地务工经商户	18	11.7%	小计	154	100%
小计	154	100%	家庭人均月收入		
年龄			1 000元及以下	106	68.8%
18岁及以下	4	2.6%	1 001~2 000元	28	18.2%
19~24岁	43	27.9%	2 001~3 000元	8	5.19%
25~45岁	56	36.4%	3 000元以上	12	7.71%
46~59岁	34	22.1%	小计	154	100%
60岁及以上	17	11%	家庭收入来源		
小计	154	100%	全靠务农	7	4.5%
教育背景			务农为主，旅游为辅	17	11%
初中及以下	88	57.1%	旅游为主，务农为辅	116	75.3%
中专或高中	48	31.1%	全靠旅游，几乎没有农业收入	4	2.7%
大专及以上	18	11.8%	其他	10	6.5%
小计	154	100%	小计	154	100%
家庭从事旅游的人数			与旅游业的关系		
0人	42	27.3%	本人直接从事旅游业	28	18.2%

表5.6(续)

统计变量	样本个数	百分比	统计变量	样本个数	百分比
1 人	101	65.6%	家中有人直接从事旅游业	75	48.7%
2 人	6	3.86%	其他	51	33.1%
3 人	3	1.95%	小计	154	100%
4 人及以上	2	1.29%			
小计	154	100%			

在 154 位居民中，男性居民占 53.9%，女性居民占 46.1%；调查中原住民 136 人，占 88.3%，外地务工经商户 18 人，占 11.7%；年龄以 25～45 岁居民占相对多数；文化程度主要以初中及以下为主，占 57.1%；居住年限以居住 30 年以上为主，占 39.6%；家庭月收入主要以 1 000 元及以下为主；在家庭收入来源中，家庭收入以旅游为主务农为辅的占样本中的大多数；居民家庭中有 1 人以上从事旅游业的占到样本总数的 72.7%；与旅游业的关系中，本人或家人直接从事旅游业的占到了样本数的 66.9%，也就是大部分居民都从事旅游业。本次预试样本与其他一些民族村寨旅游权能感知的抽样统计数据相比较，从整体上并未发现有明显的异常存在。因此，可以认为本次预试小样本具有一定的代表性。

5.3.3 试测数据分析

对试测数据进行统计分析的目的是对题项进行再次筛选与精简，从而达到建立正式量表的目的。本书对预试数据的处理过程主要遵循以下四项标准：遗漏值分析、项目分析、项目总体相关分析、探索性因素分析[140]。其中，遗漏值分析以题项中是否存在显著的遗漏偏差为判定的标准。项目分析主要在于求出问卷个别题项的临界比率值——CR 值，将未达显著水准的题项删除。项目总体相关分析是通过各题项与总量表之间的相关系数和内部一致性系数来检验量表中所编题项的适切度与可靠性程度。探索性因素分析的目的在于求得量表的结构效度。

5.3.3.1 遗漏值分析

由于本书中不存在显著的遗漏偏差，因此遗漏值检验中不做题项删除处理。

5.3.3.2 项目分析

项目分析就是对问卷中各个题项进行项目鉴别能力的分析，目的在于判定各个题项是否具有良好的鉴别度。在项目分析时，一般首先求出预测试问卷的总分；其次按照总分高低进行排序，找出高低分组上下27%处的分数；再次依照临界分数将观察值在量表的得分分成高低两组；最后通过独立样本 t-test，检验两组在每个题项上的差异，将检验结果未达显著性的题项予以删除。具体的判定标准如下[142]：如果某题项两群体方差相等性（levene's test for equality of variances）的 F 值检验结果不显著（$p>0.05$），则表示两群体的总体方差相等（equal variances assumed），此时应考察方差相等时 t 值的显著性，若 t 值显著（$p<0.05$），则此题具有鉴别度；若 t 值不显著（$p>0.05$），则此题不具有鉴别度。反之，如果某题项两群体方差相等性的 F 值检验结果显著（$p<0.05$），则表示两群体方差不相等（equal variances not assumed），此时应考察方差不相等时的 t 值的显著性，若 t 值显著（$p<0.05$），则此题具有鉴别度；若 t 值不显著（$p>0.05$），则此题不具有鉴别度。分析结果见表5.7。通过预测样本数据统计分析可以看出，预试问卷36个题项的 t 值均达到显著性水平，说明所有题项均具有鉴别度即所有题项都能鉴别出不同受试者的反应程度。如果题项较多并都达到了显著性水平应考虑到实际研究情况，需要删除部分题项时，可挑选鉴别度较高的题项，以减少量表题项数。从项目分析统计结果看，每个题项的 CR 值均达到显著，因此保留所有题项。

表 5.7 独立样本 t 检验

题项	levene's test for equality of variances		t-test for equality of means		
	F	sig.	t	df	sig.（2-tailed）
1	0.299	0.058	0.073	87	0.049
			0.074	53.595	0.041
2	0.019	0.081	1.287	87	0.001
			1.342	56.124	0.015
3	0.053	0.015	0.981	87	0.032
			0.975	51.049	0.033
4	0.927	0.038	1.878	87	0.003
			1.921	53.963	0.006

表5.7(续)

题项	levene's test for equality of variances		t-test for equality of means		
	F	sig.	t	df	sig. (2-tailed)
5	1.280	0.060	1.265	87	0.009
			1.355	59.350	0.001
6	0.053	0.818	1.014	87	0.013
			0.978	68.339	0.033
7	0.047	0.029	−0.957	87	0.000
			−0.925	58.494	0.000
8	0.230	0.632	1.353	87	0.017
			1.281	66.806	0.020
9	6.203	0.014	2.529	87	0.013
			2.922	70.702	0.005
10	0.013	0.910	2.664	87	0.009
			2.671	51.882	0.010
11	0.256	0.614	1.580	87	0.014
			1.594	52.465	0.037
12	0.376	0.541	0.168	87	0.026
			0.171	53.648	0.005
13	0.187	0.666	0.156	87	0.017
			0.159	53.887	0.042
14	0.871	0.353	1.113	87	0.000
			1.155	55.449	0.000
15	5.153	0.025	1.421	87	0.023
			1.614	67.800	0.011

表5.7(续)

题项	levene's test for equality of variances		t-test for equality of means		
	F	sig.	t	df	sig. (2-tailed)
16	4.001	0.971	1.309	87	0.019
			1.275	69.135	0.008
17	3.657	0.058	0.984	87	0.027
			1.012	54.513	0.022
18	1.122	0.292	2.472	87	0.015
			2.551	54.926	0.014
19	6.908	0.343	−0.551	87	0.043
			−0.526	47.487	0.001
20	3.310	0.072	0.966	87	0.000
			1.023	57.991	0.000
21	7.208	0.649	1.981	87	0.000
			2.094	57.680	0.041
22	1.757	0.008	1.334	87	0.000
			1.237	65.239	0.022
23	5.885	0.017	0.273	87	0.000
			0.243	42.356	0.009
24	5.247	0.620	1.581	87	0.007
			1.595	52.502	0.025
25	0.148	0.701	1.606	87	0.001
			1.621	52.536	0.000
26	0.259	0.612	1.984	87	0.048
			1.977	51.241	0.023

表5.7(续)

题项	levene's test for equality of variances		t-test for equality of means		
	F	sig.	t	df	sig. (2-tailed)
27	2.251	0.036	3.008	87	0.003
			2.678	56.488	0.010
28	2.228	0.038	0.377	87	0.007
			0.407	60.516	0.046
29	3.018	0.003	−0.096	87	0.024
			−0.095	51.380	0.033
30	0.817	0.368	−0.184	87	0.014
			−0.192	56.125	0.000
31	0.231	0.032	0.856	87	0.043
			0.841	49.970	0.040
32	0.512	0.476	9.906	87	0.000
			10.804	61.793	0.000
33	22.998	0.000	8.819	87	0.000
			10.864	62.908	0.000
34	2.983	0.087	5.685	87	0.000
			6.708	74.486	0.000
35	51.177	0.000	8.048	87	0.000
			11.818	79.862	0.000
36	5.024	0.027	7.170	87	0.000
			8.436	73.943	0.000

5.3.3.3 项目总体相关分析

项目总体相关分析就是首先利用修正后的项目总相关系数（corrected item-total correction，CITC）净化测量题项，其次采用克朗巴哈 α 系数（Cronbach's alpha）检验测量项目的信度。项目总体相关分析是通过各题项与总量表之间的总相关系数和克朗巴哈 α 系数来检验量表中所编题项适切度与可靠性程度，具体是通过删除不符合条件的题项对测量条目进行净化。

所谓信度，是指同一受测群体在不同时间对同一份量表多次测量分数的一致性或稳定性程度。如果一个量表的信度越高，则说明组成量表题项的内部相关性或一致性程度越佳，表明量表越稳定越可信。测量信度的类型主要包括：折半信度系数、Kuder-Richardson reliability 系数、RH 系数和 Cronbach's alpha 系数。由于折半信度（将已经填完的调查问卷题项分成相等的两半，通过分别计算这两半的总分后，再进一步计算这两半的相关系数）只是使用半份测验的信度，它通常会降低原来试题长度的检验信度。因此，为了能够评估原来量表试题长度的信度，必须使用斯布校正公示（spearman-brown formula）加以校正，将折半信度加以还原估计。Kuder-Richardson reliability 信度系数适用于"对或错"的是非题，也就是二元化计分的测验资料方面。RH 系数只适用于一般标准化的问卷，而本书记分采用多重方式，所以用 Cronbach's alpha 系数对信度进行测量。但是只有 Cronbach's alpha 系数达到一定的标准才能确保测试题项构成因子具有高度一致性。Cronbach's alpha 系数通常以 α 系数代表。α系数越高，代表量表的内部一致性越佳。刘怀伟（2003）研究指出：如果删除测量项目可以使变量的单维度得到保证，就需要再次计算剩余项目的 Cronbach's alpha 系数；如果通过删除这些测量项目能够增大量表的 Cronbach's alpha 系数，就需要删除这些测量题项。在社会科学研究领域中，可接受的最小信度系数值为多少，学者间并未达成一致看法。Gay（1992）认为剩余测量项目的 α 系数应该达到 0.80 以上，而 Devellis（1991）、Nunnally（1978）等认为剩余测量项目的 α 系数达 0.6 或 0.7 即可，如果剩余测量项目的 α 系数超过 0.70，就认为已经取得了很好的效果[143]。吴明隆（2001）认为，如果研究者编制研究工具的信度过低，如在 0.60 以下，则应该重新修订研究工具或重新编制较为适宜。大多数学者认为 Cronbach's alpha 系数值至少应该在 0.7 以上，量表才能算具有较为稳定的一致性与可信性。本书以 Nunnally 和 Bernstein（1994）所建议的 0.70 信度值作为判断取舍的标准，即 Cronbachvs alpha 值大于 0.7 才保留[144]。

CITC 是修正后的项目总相关系数，其含义是指每一具体测量题项与其同一变量维度下其他所有测量项目之和的相关系数。项目总相关系数主要用于对测量题项进行净化。Churchill（1979）研究强调做因子分析前，必须对"垃圾测量项目"（Garbage Items）进行消除和净化。因为如果没有净化垃圾题项而做因子分析，就可能会出现多维度现象，从而使每个因子的含义更加难以解释[145]。当 CITC 项目总相关系数较小或为零时，说明项目的相关性较弱或属于零相关，此时应将相应的测量项目删除。那么对于项目总相关系数多少认定为较小，目前学术界没有形成一个完全认可的标准。Cronbach alpha（1951）研究认为，当题项与总量表之间修正的项目总相关系数低于 0.5 时，则表明该题项与总量表的相关性较弱，一般情况下就应该删除该测量项目。而卢纹岱（2002）认为，CTCI 值在 0.3 以上时也可以达到测量的研究要求。但实际中大多数学者往往采纳以下两条标准作为信度检验的依据：①修正后的 CITC 项目总相关系数低于 0.3；②删除该题项能够增加量表的 α 值即可以提升量表的整体信度。只有同时满足这两个标准时才能将该题项删除，而且量表题项净化前后都需要对其 α 系数重新计算。本书采用 CITC 小于 0.3 作为删除题项的标准。民族村寨社区旅游居民满意度量表共有 36 个题项，对预试问卷的 CITC 项目总相关系数净化和 Cronbach's alpha 检验的结果如表 5.8 所示。

表 5.8 项目总相关系数统计数据

测量题项	corrected item-total correlation	Cronbach's alpha if item deleted	是否保留该题项
1	0.451**	0.915	是
2	0.441**	0.923	是
3	0.213	0.906	否
4	0.304**	0.908	是
5	0.418**	0.941	是
6	0.566**	0.903	是
7	0.399**	0.906	是
8	0.441**	0.905	是
9	0.522**	0.904	是
10	0.395**	0.906	是
11	0.462**	0.905	是
12	0.409**	0.905	是
13	0.571**	0.903	是
14	0.534**	0.904	是
15	0.489**	0.904	是

表5.8(续)

测量题项	corrected item-total correlation	Cronbach's alpha if item deleted	是否保留该题项
16	0.652**	0.902	是
37	0.468**	0.905	是
18	0.365**	0.907	是
19	0.650**	0.907	是
38	0.534**	0.904	是
21	0.461**	0.907	是
22	0.631**	0.907	是
23	0.343**	0.906	是
24	0.543**	0.904	是
25	0.436**	0.905	是
26	0.708**	0.907	是
27	0.376**	0.906	是
28	0.363**	0.906	是
29	0.336**	0.906	是
30	0.344**	0.906	是
31	0.357**	0.906	是
32	0.390**	0.906	是
33	0.430**	0.905	是
34	0.390**	0.907	是
35	0.384**	0.906	是
36	0.564**	0.903	是

　　通过对统计结果的分析可以发现，本次154份民族村寨社区旅游居民满意度初试量表36个测量题项的项目总相关系数中，只有第3个测量题项"有规范的居民维权制度"的CITC值小于0.3的标准，其相关系数为0.213，并且未达到0.05的显著性水平，也就是说，只有题项3未能通过检验，应该予以删除。其余35个测量题项的CITC值都大于0.3并达到显著性水平，且

Cronbach's alpha 的系数均在 0.9 以上，说明所开发的量表具有高度的一致性。由此可见，民族村寨社区旅游居民满意度测量量表的整体信度较高。

5.3.3.4 探索性因子分析

探索性因子分析是对量表的结构效度进行检验的基本方法。量表的效度一般分为效标关联效度、内容效度和建构效度三种。

效标关联效度是指测量工具的内容所具有的预测或估计能力。效标关联效度依据发生的时间顺序又可以分为预测效度和同时效度。预测效度是指测量工具所具有的对未来预测的能力。同时效度是指测量工具能够描述当前现象的有效性。本书属于非预测性质的研究，因此不进行效标关联效度方面的检验。

内容效度是指测验内容反映或涵盖了研究者所要测量构念的程度。判断量表是否具有内容效度的方法：第一，测量工具是否可以真正测量到研究者所希望测量到的变量；第二，测量工具是否真正涵盖了所要测量的变量。由于内容效度的判断标准具有较大的主观性，不能单独作为衡量量表效度的标准，但仍可用来对观测结果进行大致评估。因此，为了保证所开发的量表具有足够的内容效度，一方面，研究人员必须检查量表中各个题项能否完整覆盖测量对象的主要方面，主要看是否遗漏了一些反映构念内容的测量指标或者包含了一些与测量构念无关的测量指标以及在评估构念的不同成分对测验分数影响时是否出现偏颇等；另一方面，应特别注意必须遵循量表开发的设计程序和设计规则。本书开发的民族村寨社区旅游居民满意度测量量表是在查阅相关研究文献和居民访谈的基础上进行的，同时邀请了知名的专家学者进行了反复修改与论证，因此本书中的量表能够较为全面地涵盖和反映民族村寨社区旅游居民满意度研究中的变量内容，该量表具有较好的内容效度。

建构效度又称结构效度，是指测量工具/量表能够测量理论概念或特质的程度。结构效度在理论上进行了较强的逻辑分析同时又可以通过一系列的经验数据对理论上的可行性进行验证，因此普遍被学者们认定为是效度检验最严谨的方法。通常结构效度检验的步骤分为三步：一是进行理论假设的建构；二是根据理论内涵编制测试题项；三是通过逻辑或实证方式对量表中的题项是否呈现某种结构化特征进行检验。建构效度分为收敛效度/聚合效度（convergent validity）和区别效度（discriminant validity）两种类型。收敛效度是指测量相同潜在特质（构念）的测验指标会落在同一个共同因素上即相同特质（构念）里的测量项目彼此间高度相关。区别效度是指测量不同潜在特质（构念）的测验指标会落在不同共同因素上即不同特质（构念）里的测量项目彼此间低度相关。克林格（F. N. Kerlinger, 1986）提出了衡量建构效度的方法有三种。第一种方法是用个别项目分数与总分的相关系数作为量表建构效度的验证指标，当个别项目与总分相关系数显著时，则代表该量表具有良好的建构效度；而当个别项目与总分的相关系数不显著时，则应将个别项目删除。第二种方法是因子分析法（检验结构效度最基本的方法），因子分析主要是求得/找出量表潜在的结构效度。因子分析的作用是用少数的几个公因子替代量表中的众多题项从而达到减少量表中题项的目的。第三种方法为其他方法[147]。

一般因子分析的步骤如下：

（1）相关系数分析。

计算相关系数矩阵是进行因子分析的前提条件之一。只有原有题项之间存在较强的相关关系才能从中提炼出反映这些题项共同特征的公共因子。所以，进行因子分析之前，首先要对各题项间的相关系数进行分析，相关系数过高或过低都不适合做因子分析。具体参考的标准是：如果相关系数矩阵中，大部分相关系数值都小于0.3，那说明各个题项间大多为弱相关关系，找出公共因子将会特别困难，处理方式是重新设计题项；反之，如果题项间的相关系数太高（大部分都在0.85以上），也不适合做因子分析，处理方法是删除相关系数过高的题项。通过对预试样本数据统计分析没有发现异常值，所有题项的相关系数值都是在可接受的范围内。因此，所有题项都适合做因子分析。

（2）KMO与巴特莱特球体检验。

KMO（kaiser-meyer-olkin measure of sampling adequacy）是用来比较变量间偏相关系数和简单相关系数的指标，是对取样适当性的度量，在因子分析前，用来检验所收集到的数据是否适合做因子分析。一般而言，KMO值越大即越接近1，说明变量间的共同因素越多，相关性越强，原有变量就越适合做因子分析。KMO值越小即越接近0，则说明变量间的相关性越弱，原有变量就越不适合做因子分析。根据学者Kaiser给出的常用KMO的度量标准：KMO值如果大于0.9，表示非常适合做因子分析；KMO值为0.8~0.9表示适合做因子分析；KMO值为0.7~0.8表示一般适合做因子分析；KMO值为0.6~0.7表示不太适合做因子分析；KMO值在0.5以下表示较不宜做因子分析。巴特莱特球体检验的判断标准是：如果统计的概率P值小于等于给定的显著性水平α，则说明原有变量适合做因子分析；相反，如果统计的概率P值大于给定的显著性水平α，则说明原有变量不适合做因子分析。本书检验分析的结果见表5.9。

表 5.9　KMO and Bartlett's test

kaiser-meyer-olkin measure of sampling adequacy		0. 873
Bartlett's test of sphericity	approx.　chi-square	1. 09E3
	df	635
	sig.	0. 000

通过对 154 份民族村寨社区旅游居民满意度测量量表进行探索性因子分析，统计数据显示 KMO 值为 0. 873，大于 0.5 的最低水平，表示适合进行因子分析；Bartlett's 球形检验的 Chi-square 值为 1. 09E3（自由度为 635），显著性水平小于 0. 001，说明达到显著，代表母群体的相关矩阵间有共同因素存在，因此适合做因子分析。通过 KMO 和巴特莱特球体检验均表明题项适合做因子分析。

（3）共同性检验。

本书共同性检验结果见表 5.10。

表 5.10　共同性检验

题项	初始	萃取
1	1. 00	0. 819
2	1. 00	0. 792
3	1. 00	0. 745
4	1. 00	0. 455
5	1. 00	0. 674
6	1. 00	0. 822
7	1. 00	0. 739
8	1. 00	0. 742
9	1. 00	0. 632
10	1. 00	0. 694
11	1. 00	0. 712
12	1. 00	0. 765
13	1. 00	0. 686
14	1. 00	0. 582

表5.10(续)

题项	初始	萃取
15	1.00	0.624
16	1.00	0.675
17	1.00	0.589
18	1.00	0.588
19	1.00	0.699
20	1.00	0.684
21	1.00	0.639
22	1.00	0.667
23	1.00	0.605
24	1.00	0.619
25	1.00	0.624
26	1.00	0.710
27	1.00	0.683
28	1.00	0.840
29	1.00	0.884
30	1.00	0.627
31	1.00	0.773
32	1.00	0.614
33	1.00	0.593
34	1.00	0.583
35	1.00	0.531

　　各题项的共同性大小代表了它与其他题项共同特质的多少。共同性越高即越接近1，则说明该变量与其他变量可测量的共同特质越多，该题项的重要性越大，项目分析中的效度指标就越好；反之，共同性越低即越接近0，则说明该变量与其他变量可测量的共同特质越少，该题项的重要性越小，项目分析中的效度指标越差。因此，共同性是进行测量题项删除与保留的标准之一。本书中35个题项的共同性为0.455~0.884，达到了进行因子分析的标准。

（4）探索性因子分析。

Church & Bruke（1994）研究指出，探索性因子分析既可以在未知理论构思情况下探索问卷的理论结构又可以用于理论构思驱动下对测量进行优化。通过前面的研究可以得知，变量之间具有一定的相关性适合做因子分析。接下来采用 SSPS 20.0 统计软件对试测的样本数据进行探索性因子分析。本书采用主成分分析法和正交旋转法，对特征根大于 1 的公共因子进行提取，目的是对测量题项进一步净化。对题项筛选的依据有三条：①如果一个题项自成为一个因子应该予以删除，原因是其没有内部一致性。②每个题项在所属因子上的载荷必须大于 0.4，才能认为该题项具有收敛效度，否则必须进行删除。若是某个题项在两个或两个以上的因子载荷都超过了 0.4 或者在所有因子上的载荷都小于 0.4，那么该题项属于多重因子横跨。需要指出的是对多重载荷题项的处理，要么是将重合的题项合并后重测，要么是对多重载荷题项测量语句的表达方式进行修改，然后重新调查取样和分析。本书因受时间、人力和费用等限制采用了相对简单的一种做法，即将具有多重载荷的题项进行直接删除。③每个题项在其所属因子下的载荷要尽量接近 1，而在其他因子下的载荷要尽量接近 0，因为这样因子间才会有较好的区分效度。转轴后的成分矩阵见表 5.11。

表 5.11　转轴后的成分矩阵（rotated component matrix[a]）

	component							
	1	2	3	4	5	6	7	8
1	0.919	0.194	0.154	0.135	0.096	−0.216	0.113	0.045
2	0.876	0.191	0.278	0.060	0.21	−0.062	0.085	0.048
3	0.869	0.182	0.269	0.009	0.36	0.123	0.028	−0.122
4	0.835	0.100	−0.035	−0.064	0.14	−0.123	0.052	−0.086
5	0.817	0.148	0.075	−0.123	0.037	0.047	0.054	−0.022
6	0.724	0.204	0.187	−0.081	0.377	0.275	0.017	0.310
7	0.043	0.870	0.240	−0.116	0.056	0.127	0.112	−0.067
8	−0.009	0.791	0.169	0.109	0.292	0.106	−0.093	0.236
9	−0.126	0.785	0.249	0.069	0.338	0.022	0.280	0.314
10	0.050	0.717	0.138	−0.084	0.200	−0.003	0.088	0.027
11	0.037	0.703	0.079	−0.018	0.102	0.265	0.147	0.010

表5.11(续)

	component							
	1	2	3	4	5	6	7	8
12	0.051	0.679	−0.012	0.062	0.136	0.139	0.063	0.096
13	0.132	0.160	0.887	−0.010	0.279	0.316	0.534	0.368
14	0.113	0.193	0.856	0.029	0.544	0.301	0.186	0.372
15	0.369	0.049	0.828	0.368	−0.033	0.029	−0.013	0.124
16	0.035	0.126	0.253	0.214	−0.061	−0.078	0.080	−0.047
17	0.327	0.038	0.816	0.375	−0.040	0.101	−0.008	−0.151
18	0.347	0.035	0.062	0.798	−0.045	0.115	−0.074	−0.141
19	0.298	−0.056	−0.007	0.779	0.361	0.169	0.069	−0.394
20	0.354	−0.081	−0.004	0.736	0.032	0.105	0.012	−0.246
21	0.313	−0.130	0.052	0.634	0.374	0.046	0.046	0.050
22	0.334	0.207	0.099	0.149	0.848	−0.085	0.123	0.398
23	0.008	−0.048	−0.098	0.223	0.819	−0.054	−0.080	−0.015
24	−0.014	0.114	−0.168	−0.031	0.763	0.070	0.038	0.023
25	0.249	0.081	−0.056	0.389	0.654	−0.234	0.056	0.180
26	−0.039	0.204	0.124	0.033	−0.073	0.816	0.072	−0.103
27	0.066	−0.005	0.070	0.127	−0.076	0.724	0.188	0.199
28	0.025	0.166	−0.019	−0.119	0.219	0.703	0.129	−0.038
29	0.164	0.111	0.247	0.168	−0.502	619	0.036	0.161
30	−0.025	0.137	0.088	0.028	0.180	0.183	0.897	0.062
31	−0.132	0.240	0.107	0.005	0.172	−0.012	0.861	0.158
32	0.106	0.150	0.106	0.032	−0.020	0.152	0.649	0.035
33	0.068	0.150	0.084	0.126	0.064	0.041	0.203	0.852
34	0.222	0.018	0.066	0.084	0.098	0.153	−0.086	0.834
35	0.169	0.303	−0.030	0.135	−0.007	0.224	0.365	0.729

转轴后的成分矩阵依据各共同因素中题项的因素负荷量的大小排序，所以很容易看出各共同因素所包含的层面题项数。吴明隆（2003）指出，根据多数研究者编制层面的实际经验，一个层面的题项数最少应在 3 题以上，因为题项数太少，无法测出所代表层面的特质，这样其内容效度就会不够严谨，因此在因素分析时，如果共同因素所包含的题项数只有 1 题或者 2 题，可将此层面及题项删除。本书通过对 35 个题项进行探索性因子分析后，发现第 16 个题项"旅游发展促进了本地居民思想观念的更新或进步"在单个因子上的载荷均低于 0.4；第 29 个题项"我和身边的人都有机会接受旅游行业就业技能培训"存在多重因子载荷问题，因此将这两个题项予以删除，然后对题项重新编号进行统计分析，具体结果见表 5.12。

表 5.12　因子解释原有题项总方差的情况（total variance explained）

component	初始特征值			平方和负荷量萃取			转轴平方和负荷量		
	total	% of variance	cumula tive %	total	% of variance	cumula tive %	total	% of variance	cumula tive %
1	8.291	23.689	23.689	8.291	23.689	23.689	5.605	16.014	16.014
2	5.260	15.029	38.718	5.260	15.029	38.718	3.808	10.879	26.893
3	2.174	6.211	44.929	2.174	6.211	44.929	2.387	6.820	33.713
4	1.518	4.338	49.267	1.518	4.338	49.267	2.345	6.700	40.413
5	1.376	3.932	53.199	1.376	3.932	53.199	2.317	6.621	47.034
6	1.257	3.591	56.79	1.257	3.591	56.79	2.072	5.921	52.955
7	1.175	3.356	60.146	1.175	3.356	60.146	2.044	5.839	58.794
8	1.045	2.986	63.132	1.045	2.986	63.132	1.519	4.339	63.132
9	0.918	2.907	63.132						
10	0.902	2.578	65.710						
11	0.874	2.496	68.205						
12	0.825	2.356	70.562						
13	0.781	2.231	72.792						
14	0.772	2.207	74.999						
15	0.703	2.008	77.007						

表5.12(续)

comp onent	初始特征值			平方和负荷量萃取			转轴平方和负荷量		
	total	% of variance	cumula tive %	total	% of variance	cumula tive %	total	% of variance	cumula tive %
16	0.616	1.759	78.766						
17	0.577	1.650	80.416						
18	0.567	1.619	82.035						
19	0.516	1.475	83.510						
20	0.509	1.454	84.964						
21	0.479	1.367	86.331						
22	0.468	1.338	87.669						
23	0.447	1.278	88.946						
24	0.431	1.232	90.178						
25	0.422	1.205	91.383						
26	0.394	1.125	92.508						
27	0.356	1.019	93.527						
28	0.349	0.998	94.525						
29	0.341	0.973	95.498						
30	0.319	0.912	96.410						
31	0.284	0.811	97.222						
32	0.233	0.667	99.399						
33	0.210	0.601	100.000						

在表5.12中,第一列是题项编号,后面每三列为一组,共三组。每组中数据的含义分别为初始特征值(初始因子解)、平方和负荷量萃取(因子解)和转轴平方和负荷量(最终因子解)。按照提取特征根值大于1的因子标准,共萃取8个公共因子。8个共同因子累计解释变异量为63.132%。Hair 等(2006)认为:在社会科学研究中,一组题项的累计方差贡献率达60%即可接受,有时更低也可接受。

经过探索性因子分析的结果显示:本书所编制的民族村寨社区旅游居民满

意度测量量表最后得到 33 个题项，有 8 个清晰的结构维度即可以分为 8 个分量表。根据题项内容将 8 个共同因子分别加以命名为旅游增权、社区参与、旅游积极影响、旅游消极影响、结果公平、程序公平、交互公平、居民满意度。其中旅游积极影响与旅游消极影响分别是旅游影响的 2 个子维度；结果公平、程序公平、交互公平分别是感知公平的 3 个子维度。经过探索性因子分析和信度检验的最终结果见表 5.13，并形成了最终的正式量表（具体见附录二：正式调查问卷）。

表 5.13　民族村寨社区旅游居民满意度测量量表探索性因子分析结果及信度系数

因子命名	题项	因子载荷	特征值	α系数	变异量
旅游增权	1. 有保障居民监督、控制旅游开发的机制	0.919	8.29	0.91	23.69%
	2. 旅游收入分配有相应制度规范	0.876			
	3. 有平衡旅游利益主体权利和义务的制度安排	0.869			
	4. 有规范和约束开发商或政府管理部门行为的制度	0.835			
	5. 有保障居民自由使用社区资源从事农林矿牧渔业的制度	0.817			
	6. 有保障社区居民优先参与本地旅游开发、管理和项目建设的规章制度	0.724			
社区参与	7. 居民有权参与旅游决策的制定	0.870	5.26	0.87	15.03%
	8. 居民有权决定有关旅游规划问题	0.791			
	9. 居民有权参与社区旅游的日常管理	0.785			
	10. 居民有权避免旅游的好工作全部被外来者拥有	0.717			
	11. 居民有参与旅游管理的意识	0.703			
	12. 居民能和投资者实现利益共享	0.679			
积极影响	13. 旅游发展改善了本地外观和公共服务设施	0.887	2.17	0.89	6.3%
	14. 旅游发展给居民带来了新的工作机会	0.856			
	15. 旅游发展提高了本地居民的个人或家庭收入	0.828			
	16. 旅游发展有利于当地文化的挖掘和发展	0.816			

表5.13(续)

因子命名	题项	因子载荷	特征值	α系数	变异量
消极影响	17. 旅游发展引起了本地的物价上涨	0.798	1.52	0.79	4.34%
	18. 旅游发展只使少数人获益	0.779			
	19. 旅游发展造成了居民邻里关系恶化	0.736			
	20. 旅游发展使本地环境污染（水、空气、噪音、垃圾）加重	0.654			
结果公平	21. 失去了原有房屋或土地的居民得到政府的合理经济补偿	0.848	1.32	0.71	3.93%
	22. 我得到的旅游经济收益与我为旅游发展所做贡献相吻合	0.819			
	23. 居民旅游收益提成会随着社区旅游的发展而增加	0.763			
	24. 游收益分配方案能够代表大多数居民的意愿	0.654			
程序公平	25. 我可以通过正式渠道表达我对收益分配问题的看法或感受	0.816	1.26	0.81	3.59%
	26. 地方政府对损害居民权益行为的处理是及时有效的	0.724			
	27. 居民感觉有失公平的决定有正规的质疑程序	0.703			
交互公平	28. 我愿意与政府工作人员打交道，因为他们友好礼貌，诚实可信	0.897	1.18	0.79	3.36%
	29. 政府或开发商让我知道景区运行和年度红利情况	0.861			
	30. 政府工作人员尊重和重视我们反映的问题	0.649			
满意度	31. 与期望中的旅游发展相比较，居民对本地旅游发展的满意度	0.852	1.05	0.83	2.97%
	32. 与其他邻近村寨相比较，居民对本地旅游发展的满意度	0.834			
	33. 居民对旅游发展的总体满意度	0.729			

5.4　本章小结

　　本章首先对案例点和案例点的选择情况进行了简要介绍，说明为何选择桃坪羌寨和甲居藏寨作为本书的研究对象。其次依据量表开发理论和量表开发过程，通过文献研究法和访谈法获得初始测量题项库，为保证访谈题项的真实性和准确性对访谈过程进行了具体设计。最后通过专家筛选、均值方差筛选、遗漏值分析、项目分析、项目总体相关分析、探索性因子分析等对测量题项进行了筛选和删除，并对剩余题项的顺序进行了相应的调整，确立了本书的正式问卷。

第 6 章　大样本调查与数据质量评估

6.1　数据收集与描述

课题组利用 2019 年 7 月底至 8 月底为期四周的时间，再次前往甲居藏寨和桃坪羌寨，进行了大样本数据的采集。本次共发放问卷 490 份，回收问卷 490 份，有效问卷 425 份，与前文调查所采用的方法一样，仍然用李克特 7 点量表法进行测量。其中问卷的第一至第四部分，数值分别代表的含义为：1＝完全不同意，2＝不同意，3＝有点不同意，4＝不确定，5＝有点同意，6＝同意，7＝完全同意。问卷第五部分数值代表的含义为：1＝极低，2＝很低，3＝较低，4＝一般，5＝较高，6＝很高，7＝极高。

在本部分研究中，按照量表探索性因子分析中的各个题项在相应因子载荷上的降序排列进行了重新编号。RS1—RS6 是反映旅游增权的 6 个题项；RS7—RS12 是反映社区参与的 6 个题项；RS13—RS20 是反映旅游影响的 8 个题项，其中 RS13—RS16 为旅游积极影响的 4 个题项，RS17—RS20 为旅游消极影响的 4 个题项；RS21—RS30 是反映感知公平的 10 个题项，其中 RS21—RS24 为结果公平的 4 个题项，RS25—RS27 为程序公平的 3 个题项，RS28—RS30 为交互公平的 3 个题项；RS31—RS33 是反映居民满意度的 3 个题项。大样本的人口统计特征分析见表 6.1。

表 6.1　大样本的人口统计特征分析

统计变量	样本个数	百分比	统计变量	样本个数	百分比
性别			居住年限		
男	236	55.6%	少于 5 年	25	5.8%
女	189	46.1%	5~10 年	53	12.5%
小计	425	100%	10~20 年	49	11.5%
是否原住民			20~30 年	113	26.4%
本地居民	382	89.8%	30 年以上	185	43.8%
外地务工经商户	43	11.2%	小计	425	100%
小计	425	100%	家庭月收入		
年龄			1 000 元及以下	329	77.4%
18 岁及以下	18	4.2%	1 001~2 000 元	75	17.6%
19~24 岁	84	19.8%	2 001~3 000 元	13	3.1%
25~45 岁	179	42.1%	3 000 元以上	8	1.9%
46~59 岁	120	28.2%	小计	425	100%
60 岁及以上	24	5.7%	家庭收入来源		
小计	425	100%	全靠务农	34	8%
教育背景			务农为主，旅游为辅	55	13%
初中及以下	334	78.6%	旅游为主，务农为辅	306	72%
中专或高中	55	12.9%	全靠旅游，农业收入几乎没有	21	5%
大专及以上	36	9.5%	其他	9	2%
小计	425	100%	小计	425	100%
家庭从事旅游的人数			与旅游业的关系		
0 人	75	17.6%	本人直接从事旅游业	243	57.2%
1 人	298	70.1%	家人中有人直接从事旅游业	146	34.4%
2 人	34	8%	其他	36	8.4%
3 人	14	3.3%	小计	425	100%

表6.1(续)

统计变量	样本个数	百分比	统计变量	样本个数	百分比
4人及以上	3	1%			
小计	425	100%			

本次大样本抽样分别选择了甲居藏寨和桃坪羌寨两个不同的少数民族作为研究的案例点。鉴于本书要利用结构方程模型进行验证性因子分析和假设检验，观察数据呈多元正态分布是结构方程模型的重要假设之一。一般检查数据是否服从正态分布的方法是通过偏度和峰度两个指标进行考察。Bentler & Chou（1987）、侯杰泰等（2004）的研究观点认为：如果数据偏度绝对值小于3，峰度绝对值小于10，则表明样本数据基本服从正态分布[148-149]。也有学者认为应该采用更严格的标准：偏度的绝对值小于2，峰度的绝对值小于3。甚至还有学者建议偏度绝对值小于1、峰度绝对值也小于1是检验数据是否正态分布的标准。本书采用Bentler & Chou（1987）和侯杰泰等（2004）的研究结果作为判断正态分布的标准。通过表6.2可以看出，各测量项目偏度和峰度的统计数据指标均符合正态分布标准，因此本书的大样本满足正态性分布要求，可用来进行结构方程分析。

表6.2 民族村寨社区旅游居民满意度测量题项正态性检验

测量题项	频次 N	偏度（skewness）		峰度（kurtosis）	
	statistic	statistic	std. error	statistic	std. error
1	425	0.470	0.111	-0.834	0.222
2	425	-0.066	0.111	-1.082	0.222
3	425	-0.308	0.111	-0.793	0.222
4	425	-0.125	0.111	-0.956	0.222
5	425	-0.240	0.111	-0.740	0.222
6	425	0.240	0.111	-0.814	0.222
7	425	-0.391	0.111	-0.929	0.222
8	425	0.113	0.111	-1.010	0.222

表6.2(续)

测量题项	频次 N	偏度 (skewness)		峰度 (kurtosis)	
	statistic	statistic	std. error	statistic	std. error
9	425	0.217	0.111	−0.976	0.222
10	425	−0.092	0.111	−1.212	0.222
11	425	−0.519	0.111	−0.684	0.222
12	425	−0.338	0.111	−0.794	0.222
13	425	0.396	0.111	−0.614	0.222
14	425	0.073	0.111	−1.015	0.222
15	425	−0.568	0.111	−0.118	0.222
16	425	−0.266	0.111	−0.781	0.222
17	425	−0.837	0.111	1.354	0.222
18	425	−0.656	0.111	0.509	0.222
19	425	−0.635	0.111	−0.129	0.222
20	425	−1.358	0.111	2.640	0.222
21	425	−1.061	0.111	1.281	0.222
22	425	−1.386	0.111	3.691	0.222
23	425	−0.712	0.111	0.573	0.222
24	425	−0.406	0.111	−0.243	0.222
25	425	−1.145	0.111	1.112	0.222
26	425	−0.227	0.111	−0.675	0.222
27	425	−0.737	0.111	0.241	0.222
28	425	−0.943	0.111	1.824	0.222
29	425	−0.625	0.111	−0.936	0.222
30	425	−0.779	0.111	0.875	0.222
31	425	−0.612	0.111	−0.111	0.222

表6.2(续)

测量题项	频次 N	偏度 （skewness）		峰度 （kurtosis）	
	statistic	statistic	std. error	statistic	std. error
32	425	−0.807	0.111	0.439	0.222
33	425	−0.633	0.111	0.065	0.222
valid N（listwise）					

为进一步考察符合正态分布的样本数据的集中程度与离散程度，本书对数据的平均指标和标准差进行了统计。平均指标反映同类现象的一般水平，是总体内各单位参差不齐的标志值的代表值，也是对变量分布集中趋势的测定。这里采用均值对平均指标进行衡量。标准差也被称为标准偏差或者实验标准差。简单来说，标准差是一组数据平均值分散程度的一种度量。一个较大的标准差，代表大部分数值和其平均值之间差异较大；一个较小的标准差，代表这些数值较接近平均值。一般来说标准差较小为好，这样代表数据比较稳定。33个题项的描述性统计特征如表6.3所示。

表6.3　民族村寨社区旅游居民满意度描述性统计分析（N＝425）

题项	N	mean	std. deviation
1. 有保障居民监督、控制旅游开发的机制	425	2.49	1.295
2. 旅游收入分配有相应制度规范	425	3.05	1.291
3. 有平衡旅游利益主体权利和义务的制度安排	425	3.30	1.180
4. 有规范和约束开发商或政府管理部门行为的制度	425	3.21	1.186
5. 有保障居民自由使用社区资源从事农林矿牧渔业的制度	425	3.15	1.093
6. 有保障社区居民优先参与本地旅游开发、管理和项目建设的规章制度	425	2.72	1.154
7. 居民有权参与旅游决策的制定	425	3.44	1.174
8. 居民有权决定有关旅游规划问题	425	2.90	1.157
9. 居民有权参与社区旅游的日常管理	425	2.78	1.198
10. 居民有权避免旅游的好工作全部被外来者拥有	425	3.02	1.343
11. 居民有参与旅游管理的意识	425	4.86	1.192

表6.3(续)

题项	N	mean	std. deviation
12. 居民能和投资者实现利益共享	425	3.31	1.180
13. 旅游发展改善了本地外观和公共服务设施	425	5.14	1.127
14. 旅游发展给居民带来了新的工作机会	425	4.58	1.167
15. 旅游发展提高了本地居民的个人或家庭收入	425	5.06	0.986
16. 旅游发展有利于当地文化的挖掘和发展	425	5.26	0.868
17. 旅游发展引起了本地的物价上涨	425	5.63	0.812
18. 旅游发展只使少数人获益	425	6.04	0.915
19. 旅游发展造成了居民邻里关系恶化	425	5.84	0.723
20. 旅游发展使本地环境污染（水、空气、噪音、垃圾等）加重	425	6.13	0.660
21. 失去了原有房屋或土地的居民得到了政府合理经济补偿	425	3.31	0.959
22. 我得到的旅游经济收益与我为旅游发展所做贡献相吻合	425	3.38	0.731
23. 居民旅游收益提成会随着社区旅游的发展而增加	425	2.42	0.669
24. 游收益分配方案能够代表大多数居民的意愿	425	3.50	0.626
25. 我可以通过正式渠道表达我对收益分配问题的看法或感受	425	2.16	0.729
26. 地方政府对损害居民权益行为的处理是及时有效的	425	3.28	0.951
27. 居民感觉有失公平的决定有正规的质疑程序	425	3.37	0.747
28. 我愿意与政府工作人员打交道，因为他们友好礼貌、诚实可信	425	3.84	0.848
29. 政府或开发商让我知道景区运行和年度红利情况	425	3.22	1.157
30. 政府工作人员尊重和重视我们反映的问题	425	3.67	1.48
31. 与期望中的旅游发展相比较，居民对本地旅游发展的满意度	425	3.93	1.233
32. 与其他邻近村寨相比较，居民对本地旅游发展的满意度	425	3.18	1.248
33. 居民对旅游发展的总体满意度	425	4.07	1.157

从上述统计分析的均值和标准差结果可以得知，"旅游发展引起了本地的物价上涨""旅游发展只使少数人获益""旅游发展造成了居民邻里关系恶化""旅游发展使本地环境污染（水、空气、噪音、垃圾等）加重"均值相对较高，都在5.63及以上，而标准差并不高说明受访居民大部分对旅游开发带来的负面感知强烈。虽然"旅游发展改善了本地外观和公共服务设施""旅游发展给居民带来了新的工作机会""旅游发展提高了本地居民的个人或家庭收入""旅游发展有利于当地文化的挖掘和发展"四个题项的得分均值也相对较高，但是与旅游消极影响感知题项得分相比明显偏低。这说明旅游虽然对当地有积极的影响，但是与负面感知相比，居民的感受却不那么明显。而"有保障居民监督、控制、旅游开发的机制""有保障社区居民优先参与本地旅游开发、管理和项目建设的规章制度""居民有权决定有关旅游规划问题""居民有权参与社区旅游的日常管理""失去了原有房屋或土地的居民得到了政府的合理经济补偿""居民旅游收益提成会随着社区旅游的发展而增加"等题项的均值都在4分以下，说明受访居民在旅游的社区参与方面以及经济补偿方面满意程度偏低。

6.2　结构方程的验证性因子分析概述

6.2.1　EFA 与 CFA

因素分析分为探索性因子分析（exploratory factor analysis，EFA）和验证性因子分析（confirmatory factor analysis，CFA）。EFA 分析的目的在于确认量表因素结构（factor structure）或一组变量模型，即确立因素个数以及因素负荷量的组型如何。验证性因子分析在于核检数个测量变量可以构成潜在变量的程度，即检验测量模型观测变量与其潜在变量的因果模型是否与观察数据相契合。EFA 和 CFA 的关系是：由 EFA 建立量表或问卷的建构效度，然后用 CFA 验证 EFA 所建立模型建构效度的适切性与真实性。验证性因子分析比探索性因子分析要求更大容量的样本，因此，不能直接用探索性因子分析的数据进行验证性因子分析。如果直接把探索性因子分析的结果放到统一数据的验证性因子分析中，就仅是对数据的拟合而不是检验理论结构。

进行验证性因子分析时需要的样本数量要随着观测值和模型的因子数变化而变化。一般研究认为，对于 SEM 分析而言，样本数越大越好，但是因为 SEM 检验中的卡方值受样本数影响较大，如果使用的受试样本较多，卡方值容易达到显著性水平（$p < 0.05$），这样假设模型与实际数据不契合的机会也会

增大。学者 Schumacker 和 Lomax（1996）研究发现，在大部分的 SEM 研究中样本数一般为 200~500，但在社会及行为科学研究领域中某些研究的样本数有时可以少于 200 或者大于 500。学者 Bentler 和 Chou（1987）认为如果研究变量符合正太分布或椭圆形分布，则每个观察变量只需要 5 个样本就足够了，如果是其他分布，每个变量最好有 10 个以上的样本数。Mueller（1997）认为单纯地利用 SEM 技术进行分析时，需要依据模型中观察变量来确定样本数量，一般两者的比例应该至少为 10∶1~15∶1（Thompson，2000）。

6.2.2 验证性因子分析的步骤

在结构方程模型技术中进行验证性因子分析的五个步骤为：

（1）设定模型。

研究人员必须以特定的理论或概念作为基础，来建构假设的概念模型，包括事先假设的测量变量与因素构念间的关系。验证性因子分析的前提条件是需要有强势的理论支撑或实证基础。一个没有理论支撑的模型即使与实际收集的数据再契合也没有实际意义。也就是说，假设模型必须有其理论基础，只有有理论依据的假设模型才能经得起检验。

（2）模型识别。

AMOS 理论模型在检验时，有时会出现模型无法识别或辨识的情况，模型只有能够被识别才能顺利估计各个参数。依据数据点的数目与参数数目的关系，验证性因子分析模型的形态有正好识别、过度识别、不可识别三种。判断是哪种模型识别的依据是：模型数据点数目与模型中参数数目的关系。如果模型中 $t > q(q+1)/2$，则模型为不可识别模型。反之，如果 $t \leqslant q(q+1)/2$，则模型为可识别模型（正好识别模型与过度识别模型）。其中 t 为模型中待估计的自由参数个数，q 为模型中观测变量的个数。这种依据 t 与 $q(q+1)/2$ 相减的正负号进行模型整体识别的方法称为 t 法则（t-rule）。一个可识别的模型必须满足下面的必要条件和充分条件：

第一，必要条件：$t \leqslant q(q+1)/2$。

第二，充分条件，依据情况可采用 2 指标法则或 3 指标法则。2 指标法则：①每个潜变量至少要有 2 个不是 0 的测量变量；②一个测量变量只测量 1 个因素构念；③特殊因子之间互相独立；④至少要有 2 个潜变量之间相关。同时满足上述 4 个条件，模型可以被识别。3 指标法则：①每个构念要有至少 3 个测量指标；②一个测量变量只测量 1 个因素构念；③特殊因子之间互相独立。同时满足上述 3 个条件，模型便可以被识别。

（3）参数估计。

在 SEM 分析中，提供了七种模型参数估计的方法。分别是工具性变量法（IV）、两阶段最小平方法（TSLS）、未加权最小平方法（ULS）、广义最小二乘法（GLS）、一般加权最小平方法（WLS）、极大似然法（ML）、对角线加权平方法（DWLS）。如果假定研究者所提的理论模型是正确的（模型没有界定错误或序列误差的存在），在取样样本足够大的情况下，用上述七种方法所产生的估计值会接近真正的参数值（Bollen，1989；Joreskog & Sorbom，1996）。但实际研究中应用最广泛的模型估计方法是 ML 法，其次是 GLS 法（Kelloway，1998）。只有大样本而且假设观察数据符合多变量正态性分布，卡方检验才可以合理使用，此时 ML 法最为合适；如果数据为大样本，但观察数据不符合多变量正态性假定，最好采用 GLS 估计法（周子敬，2006）。

（4）模型评价。

进行参数估计后，接下来就需要对数据与模型的拟合程度进行评价。虽然对于验证性因子分析进行模型评价有许多不同的主张，但是无论采用哪种标准，都不能只依靠某一个指数而是要考察多个拟合指数。常用的验证性因子模型的评价指标包括：拟合优度指数检验、收敛效度检验与区别效度检验。具体如表 6.4 所示。

表 6.4　验证性因子分析检验的目的、内容、评价指标及判断标准

检验目的	检验内容	评价指标	判断标准
拟合优度指数	绝对适配度指标	(x^2/df)	<5，<3 更佳
		GFI	>0.90
		AGFI	>0.90
		RMSEA	<0.05（适配良好） <0.08（适配合理）
	相对适配度指标	CFI	>0.90
		NFI	>0.90
		NNFI（TLI）	>0.90
		RFI	>0.90
		IFI	>0.90

检验目的	检验内容	评价指标	判断标准
信度检验	组合信度（建构信度）	ρ_c	>0.6
	Cronbach α	α	$\geqslant 0.7$
效度检验	标准化因素负荷量	λ	$0.5 < \lambda < 0.95$
	收敛效度	平均方差抽取量（AVE）	>0.5
	区别效度	r、$\sqrt{\rho_v}$	$\sqrt{\rho_v}$ 大于任何两个维度间的 r

　　适配度指标（goodness-of-fit indices）是评价假设理论模型是否与收集到的数据相适配，实际上研究的就是假设的理论模型与实际数据的一致性程度。

　　绝对拟合指标/指数即基于假设模型隐含的协方差矩阵与样本协方差矩阵的绝对指数。常用的绝对适配度指数包括 x^2 值（卡方值）、x^2/df（卡方与自由度的比值）、GFI 值（良性适配度指标）、AGFI 值（调整后良性适配度指标）、RMR 值（残差均方和平方根）、SRMR 值（标准化残差均方和平方根）、RMSEA 值（渐进残差均方和平方根）、NCP 值（非集中性参数）、ECVI 值（期望跨效度指数）等。其中，由于 x^2 值受估计参数以及样本数的影响很大（估计的参数越多、样本数越大往往造成适配度不佳的情景），因此不单独使用作为判断的标准。RMR 值由于受到变量量尺单位的影响且没有一个绝对的门槛来决定其数值为多少是可以接受的标准值，因此也不常用。SRMR 值也是很少采用的一个指标。NCP 值一般用于模型选替时使用。ECVI 值的主要功能在于探究同一总体中，抽取同样大小的样本数，检验同一个假设模型是否具有跨效度的效益（理论模型是否可以适配）。它所测量分析的是所分析样本的适配协方差矩阵与从其他大小相同的样本所获得的期望协方差矩阵的差异值（Byrne，1998）。但是由于 ECVI 值的显著性无法检验，常被用于独立模型、饱和模型和假设模型的拟合度比较。因此，绝对适配度指标中经常采用 x^2/df、GFI、AGFI、RMSEA 作为衡量的标准。

　　相对适配度指标又称为增值适配度指标、比较适配度指标，此种指标的典型应用基准线模型是假设所有观察变量间彼此相互独立，完全没有相关。增值适配度统计量通常是将待检验的假设理论模型与基准线模型的适配度相比较，以判别模型的契合度。在 AMOS 输出的模型适配度摘要表中有一项为基准线比较指标参数，其中包括 NFI、CFI、NNFI（TLI）、RFI 和 IFI 五种适配度检验统计量。NFI

是用来衡量理论模型与虚无模型之间卡方值的差距，其含义是理论模型的卡方值所减少部分占虚无模型（假设所有观察变量间彼此独立，完全没有相关，此种模型又称独立模型）卡方值的比例是多少。CFI 是比较适配度指数，该指数调整了 Bentler 原先提出的 BFI 适配指标，是改良式的 NFI 指标。它的含义是测量从最限制模型到最饱和模型时，非集中参数的改善情况并以非集中参数的卡方分布和非集中的参数进行定义。TLI 主要用来比较两个对立模型之间的适配度，该指标又称为非标准适配指标，它是修正了的 NFI 指标。NFI、CFI、NNFI（TLI）指标是几乎所有研究者都要使用的、最为常用的检验拟合程度的指标。而 RFI 和 IFI 两种适配度检验统计量是被一些学者经常使用的检验指标。

组合信度反映了每个潜在变量中所有测项是否一致地解释了该潜变量。它主要是用来评价每一个潜在构念的观察变量间内部的一致性程度，也就是说，所有测量指标分享该因素构念的程度。组合信度高表明测量指标间有高度的内在关联性；相反，组合信度低表明测量指标间的内在关联程度也较低，即测量指标间的内部一致性较低，其要测得的共同因素特质间的歧义较大。一般认为，Cronbach α 系数最好在 0.7 以上，组合信度在 0.60 以上才能认为具有较好的组合信度。

平均方差抽取量是指潜变量的变异量中有多大比例能用指标变异量来解释（即指标解释潜变量的程度）。平均方差抽取量表示相较于测量误差变异量的大小。ρ_v 小于 0.5，表示测量误差解释指标变量的变异量反而高于基底潜在变量所能解释的变异量。ρ_v 在 0.5 以上表示指标变量可以有效反映其潜变量，潜变量具有良好的信度与效度。

区别效度是指该构面所代表的潜在特质与其他构面所代表的潜在特质之间低度相关的程度或有显著的差异存在。区别效度的判断依据常用的有两种方法：其一是如果各个因子的 AVE 的平方根比该因子与其他因子之间的相关系数都大，则判别效度较高，或者是 AVE 的平方根大于该构念与任何其他构念的相关系数，则判别效度较高。其二是卡方检验，方法是利用单群组生成 2 个模型：限制性模型（潜在构面间的共变关系限制为 1，共变参数为固定参数）与未限制模型（潜在构面间的共变关系不进行限制，共变参数为自由估计参数）。然后进行 2 个模型卡方值差异的比较，若卡方值差异量越大且达到显著水平，表示 2 个模型间有显著的差异，其区别效度越高。在本书中利用第一种方法求区别效度。

（5）模型修正。

模型修正又称为模型界定，即通过对模型增列或删除某些参数，使模型具有更佳或更简约的适配，从而提高模型的拟合优度，以便对数据模型进行更合理的解释。当模型进行参数估计后，如果发现理论模型与观察数据不能很好地拟合，就需要对模型进行适当修正。

6.3 变量的验证性因子分析

6.3.1 旅游增权的验证性因子分析

根据前面的探索性因子分析的结果可知，旅游增权变量是单维度的，该潜变量共有 6 个测量指标变量。基于这一模式对旅游增权进行验证性因子分析，如图 6.1 所示。

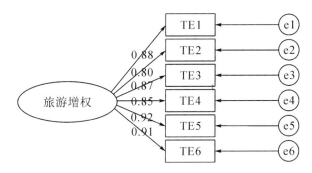

图 6.1　旅游增权验证性因子分析模型

通过 AMOS 20.0 软件对相关数据分析的结果如表 6.5 和表 6.6 所示。

表 6.5　旅游增权测量模式参数估计表

潜变量	测量项目	标准化负荷（λ）	t 值	信度系数 R^2	组合信度	AVE	α 系数
旅游增权	TE1	0.88	19.11***	0.77	0.95	0.76	0.84
	TE2	0.80	11.64***	0.64			
	TE3	0.87	10.58***	0.76			
	TE4	0.85	15.87***	0.72			
	TE5	0.92	11.32***	0.85			
	TE6	0.91	14.83***	0.83			

注：*** 表示 $p<0.001$。

表 6.6　模型拟合优度指标结果（$\rho = 0.142$）

x^2/df	GFI	AGFI	RMSEA	CFI	NFI	NNFI	RFI	IFI
1.092	0.958	0.955	0.036	0.977	0.969	0.985	0.993	0.921

通过验证性因子分析得到以下结果：

首先，单个测量项目的 R^2 均高于 0.50，标准化因素负荷量的最小值为 0.80，最大值为 0.92，均达到标准化负荷在 0.5 以上（最好 0.7 以上）的标准，而且所有的标准化负荷都具有较高的显著性水平，$p < 0.001$。

其次，α 为 0.84，大于 0.7 的参考标准值。潜变量旅游增权的组合信度为 0.95，远大于设定的 0.6 的参考标准，表明测量项目的整体信度以及内部一致性程度较高。同时，潜变量的 AVE 值达到 0.76，也大于给定的 0.5 的参考标准，表明具有较好的收敛效度。

最后，从模型整体适配度指标来看，所有的拟合优度值都比较理想。从表 6.6 可以看出，$x^2/df = 1.092$ 不仅小于指标值 5，也小于更为严格的指标值 3。同时 $p = 0.142 > 0.05$，没有达到显著性水平，接受虚无假设即该研究测量模型的协方差矩阵与实际数据的协方差矩阵之间没有显著性的差异存在，表明数据质量比较高。从绝对适配度指标和相对适配度指标来看，GFI = 0.958，AGFI = 0.955，大于接受值 0.90，RMSEA = 0.036 < 0.05，从相对适配度指标来看，CFI、NFI、NNFI、RFI、IFI 值也都大于 0.90 的参考标准。因此，模型从整体上拟合较好。

本书中的旅游增权属于单维度，因此无须对其做维度间的区别效度检验。

6.3.2　社区参与的验证性因子分析

根据前面的探索性因子分析可知，社区参与变量也是单维度的，该潜变量共有 6 个测量指标变量。基于这一模式再对社区参与进行验证性因子分析，如图 6.2 所示。

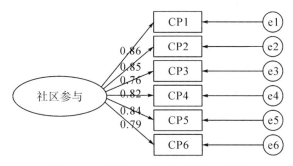

图 6.2　社区参与验证性因子分析模型

通过用 AMOS 20.0 软件对相关数据分析的结果如表 6.7 和表 6.8 所示。

表 6.7　社区参与测量模式参数估计表

潜变量	测量项目	标准化负荷（λ）	t 值	信度系数 R^2	组合信度	AVE	α 系数
社区参与	CP1	0.86	22.79***	0.74	0.93	0.67	0.88
	CP2	0.85	13.25***	0.72			
	CP3	0.76	16.64***	0.58			
	CP4	0.82	18.41***	0.67			
	CP5	0.84	15.62***	0.71			
	CP6	0.79	17.86***	0.62			

注：***表示 $p<0.001$。

表 6.8　模型拟合优度指标结果（$p=0.136$）

x^2/df	GFI	AGFI	RMSEA	CFI	NFI	NNFI	RFI	IFI
1.419	0.914	0.962	0.047	0.917	0.925	0.974	0.963	0.957

通过验证性因子分析得到以下结果：

首先，所有测量指标的标准化负荷范围为 0.76~0.86，均超过了 0.5 的参考标准，同时各指标的单个项目信度 R^2 都超过了 0.5 的标准，所有的标准化回归系数都具有较高的显著性水平，$p<0.001$。

其次，α 为 0.88，大于 0.7 的标准值。潜变量社区参与的组合信度为 0.93，远大于参考标准 0.6，表明测量项目的整体信度以及内部一致性较高。同时潜变量的平均方差抽取量 AVE 的值为 0.67，表明模型具有良好的收敛效度。

最后，从模型的整体拟合效果看，所有的拟合优度指标都达到了规定的标准，从表 6.8 可以看出，$x^2/\mathrm{df}=1.419$，小于 3 的指标值，从绝对拟合指标看 GFI=0.914，AGFI=0.962，均大于 0.90 的判定标准，RMSEA=0.047，小于 0.08 的可接受值；从相对拟合指标看，CFI=0.917，NFI=0.925，NNFI=0.974，RFI=0.963，IFI=0.957，均大于 0.90 的规定参考指标，因此模型整体拟合较好，可以接受。同样本书中的社区参与也属于单维度，因此也无须对其做维度间的区别效度检验。

6.3.3 居民满意度的验证性因子分析

根据前面探索性因子分析可知，居民满意度变量也是单维度的，该潜变量共有 3 个测量指标变量。基于这一模式对居民满意度进行验证性因子分析，如图 6.3 所示。

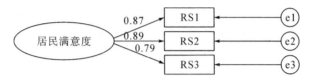

图 6.3 居民满意度验证性因子分析模型

该模型中 $t = 1/2$（3×4）$= 6$，模型中待估计的自由参数（4 个方差，2 个路径系数）总共为 6 个，因此该模型是一个正好识别模型即模型中待估计的参数数目与模型中数据点数目相同。由于正好识别模型中待估计参数完美地再制样本协方差矩阵，数据协方差矩阵与假设模型的协方差矩阵形成一对一的配对关系，模型中所有参数都只有唯一的解，模型的自由度为 0，卡方值为 0。由于卡方值为 0，模型永远不会被拒绝，形成数据与模型间完美适配的情形，也就不需再对 SEM 合适性的假设进行检验。

6.3.4 旅游影响的验证性因子分析

6.3.4.1 因子模型设定

旅游影响由两个潜变量构成，分别是旅游积极影响与旅游消极影响。其中，旅游积极影响有 4 个测量指标，旅游消极影响有 4 个测量指标。验证性因子分析模型如图 6.4 所示。

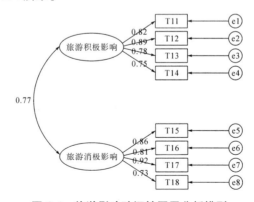

图 6.4 旅游影响验证性因子分析模型

6.3.4.2　因子模型识别

依据 t 法则，该验证性因子分析模型共有 8 个测量指标，因此模型中数据点数目为 $q(q+1)/2=36$，模型中要估计 6 个因子负荷、2 个潜变量构念方差和 8 个测量指标的误差方差以及两个潜变量间的 1 个协方差，共要估计 17 个自由参数，$t=17<36$，满足模型识别的必要条件。从验证性因子分析的 3 指标法则看：①本模型中每个因素构念分别有 4 个测量指标，大于 3 个测量指标的标准；②一个测量变量只测量 1 个因素构念；③特殊因子之间互相独立。同时满足上述 3 个条件，模型可以被识别。

6.3.4.3　模型参数估计

用 AMOS 20.0 软件对模型数据分析的结果如表 6.9 和表 6.10 所示。

表 6.9　旅游影响测量模式参数估计表

潜变量	测量项目	标准化负荷（λ）	t 值	信度系数 R^2	组合信度	AVE	α 系数
旅游积极影响	TI1	0.82	18.53***	0.67	0.89	0.76	0.85
	TI2	0.89	16.14***	0.79			
	TI3	0.78	18.01***	0.61			
	TI4	0.75	15.65***	0.56			
旅游消极影响	TI5	0.86	17.12***	0.74	0.83	0.79	0.81
	TI6	0.81	13.59***	0.66			
	TI7	0.92	15.23***	0.85			
	TI8	0.73	11.41***	0.53			

注：*** 表示 $p<0.001$。

表 6.10　模型拟合优度指标结果（$p=0.17$）

x^2/df	GFI	AGFI	RMSEA	CFI	NFI	NNFI	RFI	IFI
2.351	0.932	0.941	0.056	0.943	0.918	0.933	0.946	0.927

从绝对拟合指标看，$x^2/df=2.351$，$p=0.17>0.05$，未达显著水平，接受虚无假设，表明样本的协方差矩阵与模型隐含的协方差矩阵可以契合，RMSEA 值 $=0.056<0.08$ 的标准值，GFI 和 AGFI 均大于 0.90 的标准值，CFI、NFI、NNFI、RFI、IFI 等相对拟合优度指标值均大于给定的标准值 0.90，表明模型从整体上拟合较好，具有很好的建构效度。

6.3.4.4 信度评估

个别指标的信度评估主要考察变量在其反映的因子构念上的标准化路径回归系数，在验证性因子分析中又称为因素加权值或因素负荷量。标准化的路径系数代表的是共同因素对测量变量的影响。从表6.9可以看出，各测量项目的信度系数（可决系数）都高于0.5的严格标准，所有测量指标的标准化负荷都在0.70以上且均达到显著性水平，这表明8个指标可以作为旅游积极影响和旅游消极影响两个因子的测量指标。

因子的信度用Cronbach's α信度和组合信度 ρ_c 来衡量，从表6.9可以看出旅游积极影响和旅游消极影响的Cronbach's α值分别为0.85和0.81，均大于0.7的参考标准值，两因子的组合信度值分别为0.89和0.83，高于0.6的参考值，这表明各潜变量信度指标都可以接受，测量表现出良好的内部一致性。

6.3.4.5 效度评估

效度评估分为收敛效度（聚合效度）和区分效度（判别效度）。收敛效度反映的是测量相同潜在构念/特质的测验指标会落在同一个共同因素上。从表6.9参数估计的结果看，各潜变量所属因子载荷都大于0.5的接受标准值，表明本书的潜变量具有收敛效度。从各潜变量平均方差抽取量AVE的统计结果值看，各潜变量的AVE值分别为0.76和0.79，均超过规定的0.5以上的参考标准值，表明观察变量/指标变量被其潜在变量构念/特质解释的变异量远高于其被测量误差所解释的变异量，各潜在变量具有良好的信度与效度。

对于区别效度/判定效度的检验，通过将各因子AVE值的平方根（$\sqrt{AVE}$）和各因子之间的相关系数分别输入表6.11进行比较，其中 $\sqrt{AVE}$ 位于对角线的位置，两因子之间的相关系数位于矩阵左下角位置。

表6.11 旅游积极影响、旅游消极影响区别效度分析结果

	旅游积极影响	旅游消极影响
旅游积极影响	0.872	
旅游消极影响	0.773	0.889

通过表6.11可以看出，旅游影响各因子的 $\sqrt{AVE}$ 分别为0.872和0.889，而相关系数的绝对值为0.773，各因子AVE值的平方根都大于两因子间的相关系数，这表明各因子/各维度间具有较好的区别效度。旅游积极影响与旅游消极影响之间的相关系数为0.773，同时也表明两因子间具有较强的相关关系，说明两个因子间有一个更高阶的因素构念（即旅游影响）的存在。旅游积极

影响和旅游消极影响均受到一个较高阶潜在特质"旅游影响"的影响。也就是说，旅游影响可以解释所有的一阶因素构念。

　　旅游积极影响和旅游消极影响的相关系数是 0.773，为高度相关，因此需对旅游积极影响和旅游消极影响做二阶验证性因子分析。进行二阶验证性因子分析的条件是：在一阶验证性因子分析模型中发现一阶因素构念间具有中高度的关联程度且一阶验证性因子分析模型与样本数据可以适配，此时可以进一步假定一阶因素构念受到一个较高阶潜在构念的影响。也就是说，某一高阶可以解释一阶因素构念即一阶潜在因子都有一个来源于二阶潜在因子的直接效果负荷[154]。二阶验证性因子分析模型是一阶验证性因子分析模型的特例，其又称为高阶因素分析[155]。本书对旅游影响二阶因子进行了模型拟合结果的检验，如表 6.12 所示。

表 6.12　旅游影响二阶模型拟合结果（$p = 0.144$）

x^2/df	GFI	AGFI	RMSEA	CFI	NFI	NNFI	RFI	IFI
3.427	0.951	0.968	0.033	0.928	0.955	0.987	0.946	0.974

　　二阶测量模型的 $x^2/df = 3.427$，低于 5 的参考值；$p = 0.144 > 0.05$ 的标准值。残差均方和平方根为 0.033，远低于 0.08 的标准值；从绝对拟合指标看，GFI = 0.951，AGFI = 0.968，均大于 0.90 的判定标准；从相对拟合指标看，CFI = 0.928，NFI = 0.955，NNFI = 0.987，RFI = 0.946，IFI = 0.974，均大于 0.90 的规定参考指标，结果表明旅游影响的二阶模型拟合度较好。

　　同时本书对旅游影响做了二阶验证性因子分析，结果如表 6.13 所示。

表 6.13　旅游影响二阶验证性因子分析摘要表

二阶变量	一阶变量	标准化负荷（λ）	t 值	R^2	组合效度	AVE
旅游影响	旅游积极影响	0.82	15.423**	0.67	0.781	0.64
	旅游消极影响	0.78	13.966**	0.61		

注：** 表示在 0.01 水平上显著。

　　从表 6.13 可以看出，旅游影响的一阶因子对二阶因子的标准化负荷分别为 0.82 和 0.78，都高于 0.7 的标准值。从 t 值上看，在 0.01 的水平上均达到显著，通过了显著性检验。二阶因子提取的平均方差为 0.64，大于 0.5 的标准值，这说明二阶因子旅游影响对一阶因子旅游积极影响和旅游消极影响的解释力超过了其误差方差，该二阶模型具有足够的聚合效度。从组合信度上看，二阶因子的组合信度为 0.781，也超过了 0.6 的规定标准值，表明一阶因子表现出了较好的内部一致性。因此，从总体上看，旅游影响二阶模型具有较好的信度和效度，模型拟合良好。

6.3.5 感知公平的验证性因子分析

6.3.5.1 因子模型设定

感知公平由 3 个潜变量构成，分别是结果公平、程序公平和交互公平。其中结果公平有 4 个测量指标，程序公平有 3 个测量指标，交互公平有 3 个测量指标。验证性因子分析模型如图 6.5 所示。

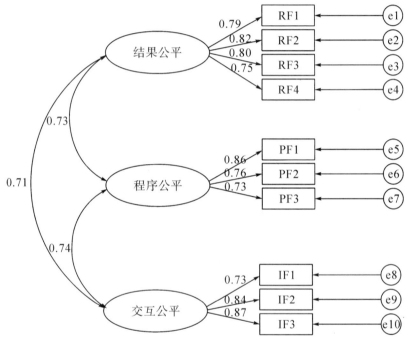

图 6.5　感知公平验证性因子分析模型

6.3.5.2 因子模型识别

依据 t 法则，该验证性因子分析模型共有测量指标 10 个，因此模型中数据点数目为 q（q+1）/2＝55，模型中要估计 7 个因子负荷、3 个潜变量构念方差和 10 个测量指标的误差方差以及 3 个潜变量间的协方差，共要估计 23 个自由参数，t＝23<55，满足模型识别的必要条件。从验证性因子分析的 3 指标法则看：①本模型中每个构念的测量指标均大于等于 3 个；②一个测量变量只测

量1个因素构念；③特殊因子之间互相独立。同时满足上述3个条件，模型便可以被识别。

6.3.5.3 模型参数估计

用 AMOS 20.0 软件对模型数据分析的结果如表 6.14 和表 6.15 所示。

表 6.14 感知公平测量模式参数估计表

潜变量	测量项目	标准化负荷（λ）	t 值	信度系数 R^2	组合信度	AVE	α 系数
结果公平	RF1	0.79	12.51***	0.62	0.87	0.62	0.81
	RF2	0.82	9.19***	0.67			
	RF3	0.80	7.86***	0.64			
	RF4	0.75	11.63***	0.56			
程序公平	PF1	0.86	14.84***	0.74	0.83	0.62	0.72
	PF2	0.76	11.63***	0.58			
	PF3	0.73	18.33***	0.53			
交互公平	IF1	0.73	11.84***	0.53	0.86	0.67	0.87
	IF2	0.84	11.71***	0.71			
	IF3	0.87	14.45***	0.76			

注：*** 表示 $p<0.001$。

表 6.15 模型拟合优度指标结果（$p=0.26$）

$x^2/\mathrm{d}f$	GFI	AGFI	RMSEA	CFI	NFI	NNFI	RFI	IFI
3.955	0.913	0.950	0.078	0.914	0.954	0.931	0.946	0.915

从绝对拟合指标看，$x^2/\mathrm{d}f=3.955$，$p=0.26>0.05$，未达显著接受虚无假设，表明样本的协方差矩阵与模型隐含的协方差矩阵可以契合，RMSEA 值 = 0.078<0.08 的标准值，GFI 和 AGFI 均大于 0.90 的标准值，CFI、NFI、NNFI、RFI、IFI 等相对拟合优度指标值均大于给定的标准值 0.90，表明模型从整体上拟合较好，具有很好的建构效度。

6.3.5.4 信度评估

从表 6.14 可以看出，各测量项目的信度系数都高于 0.5 的严格标准，信度系数最低值为 0.53，最高值为 0.76。所有测量指标的标准化负荷都在 0.70

以上且均达到显著性水平，这表明 10 个测量指标可以作为三个因子的测量指标。

因子的信度用 Cronbach's α 信度和组合信度 ρ_c 来衡量，从表 6.14 可以看出，三个因子的 Cronbach's α 值分别为 0.81、0.72 和 0.87，均大于 0.7 的参考标准值，三个因子的组合信度值分别为 0.87、0.83 和 0.86，均高于 0.6 的参考值，这表明各潜变量信度指标都可以接受，测量表现出良好的内部一致性。

6.3.5.5 效度评估

从表 6.14 参数估计的结果看，各潜变量所属因子载荷为 0.73~0.87，λ 值皆大于 0.5 的接受标准值而又小于 0.95，表明本书的潜变量具有良好的收敛效度。从各潜变量的平均方差抽取量 AVE 的统计结果值看，各潜变量的 AVE 值分别为 0.62、0.62 和 0.67，均超过规定的 0.5 以上的参考标准值，这表明观察变量/指标变量被其潜在变量构念/特质解释的变异量远高于其被测量误差所解释的变异量，各潜在变量的测量具有足够的收敛效度。

对于区别效度/判定效度的检验，通过将各因子 AVE 值的平方根（$\sqrt{AVE}$）和各因子之间的相关系数分别输入表 6.16 进行比较，其中 $\sqrt{AVE}$ 位于对角线的位置，两因子之间的相关系数位于矩阵左下角位置。

表 6.16 感知公平构念的区别效度分析结果

	结果公平	程序公平	交互公平
结果公平	0.79		
程序公平	0.73	0.79	
交互公平	0.71	0.74	0.82

通过表 6.16 可以看出，感知公平各因子的 $\sqrt{AVE}$ 值为 0.79~0.82，而相关系数的绝对值为 0.71~0.74，很明显感知公平各因子的 $\sqrt{AVE}$ 值的平方根均大于各因子间的相关系数值，表明各因子间具有较好的区别效度。同时三个因子的相关系数值均大于 0.7，表明三个因子间具有较强的相关关系，这也表明三个因子间有一个更高阶的共同因素构念（感知公平）存在。

由于结果公平、程序公平和交互公平之间的相关系数分别为 0.73、0.74和 0.71，属于高度相关，说明三个因子构念之间受到一个较高阶潜在因子构念的影响。因此需要对结果公平、程序公平和交互公平做二阶验证性因子分析，二阶因子模型拟合结果见表 6.17。

表 6.17 感知公平二阶模型拟合结果 （$p=0.521$）

$x^2/\mathrm{d}f$	GFI	AGFI	RMSEA	CFI	NFI	NNFI	RFI	IFI
2.713	0.911	0.959	0.032	0.961	0.926	0.942	0.986	0.974

二阶测量模型 $x^2/\mathrm{d}f = 2.713$，低于 5 的参考值；同时 $p=0.521>0.05$，没有达到显著性水平，接受虚无假设即该测量模型协方差矩阵与实际数据协方差矩阵之间没有显著性的差异存在，表明数据质量比较高。从绝对适配度指标和相对适配度指标来看，GFI＝0.911，AGFI＝0.959，大于接受值0.90，RMSEA＝0.032＜0.05，从相对适配度指标来看，CFI、NFI、NNFI、RFI、IFI 值也都大于0.90的参考标准。结果表明感知公平二阶因子模型拟合度较好。同时本书对旅游影响做了二阶验证性因子分析，结果如表6.18所示。

表 6.18 感知公平二阶验证性因子分析摘要表

二阶变量	一阶变量	标准化负荷（λ）	t 值	R^2	组合信度	AVE
感知公平	结果公平	0.79	10.416**	0.62	0.85	0.66
	程序公平	0.81	12.966**	0.66		
	交互公平	0.83	14.714**	0.69		

注：** 表示在 0.01 水平上显著。

从表6.18可以看出，感知公平的一阶因子对二阶因子的标准化负荷分别为0.79、0.81和0.83，都高于0.7的标准值。从 t 值上看在0.01的水平上均达到显著，通过了显著性检验。二阶因子提取的平均方差为0.66，大于0.5的标准值，这说明二阶因子感知公平对一阶因子结果公平、程序公平、交互公平的解释力超过了其误差方差，该二阶模型具有足够的聚合效度。从组合信度看，二阶因子组合信度为0.85，也超过了0.6的规定标准值，表明一阶因子具有较好的内部一致性。因此，从总体上看感知公平二阶模型具有良好的效度和信度，模型拟合良好。

6.4 所有变量的整体验证性因子分析

6.4.1 模型设定

所有变量验证性因子分析模型包括自变量（旅游增权）、中介变量（社区参与、旅游影响、感知公平）和因变量（居民满意度）。其中旅游影响由两个潜变量构成，分别是旅游积极影响和旅游消极影响；感知公平由三个潜变量构成，分别是结果公平、程序公平、交互公平。此外，旅游增权、社区参与和居民满意度都是单维度变量。所有变量的因子模型如图 6.6 所示。

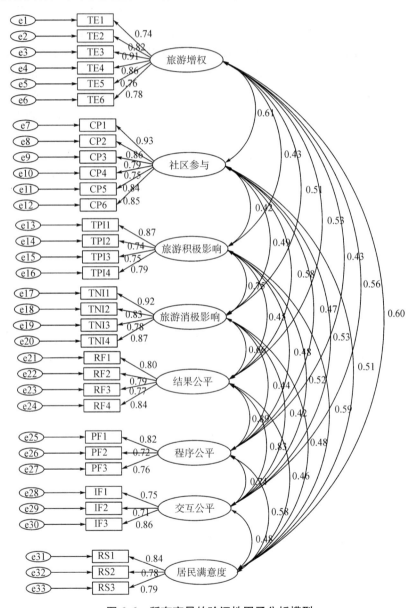

图 6.6　所有变量的验证性因子分析模型

6.4.2 模型识别

根据 t 法则，所有变量整体验证性因子模型共有 33 个测量指标。因此，模型中数据点的数目为：$q(q+1)/2=561$，模型中待估计的自由参数为协方差、方差和路径系数。其中协方差为 45 个，方差数为 41，路径系数为 25 个，因此总共要估计的参数为 111 个，$t=111<561$，模型属于过度识别模型，满足模型识别的必要条件。

按照验证性因子分析模型 3 指标识别法则：①本模型中每个构念的测量指标均大于等于 3 个；②一个测量变量只测量 1 个因素构念；③特殊因子之间互相独立（即残差的协方差矩阵为对角矩阵）。同时满足上述 3 个条件模型才可以被识别。综上所述，模型可以被识别。

6.4.3 模型评估

通过对整体模型所有潜变量进行验证性因子分析，如表 6.19 所示。除 GFI 的值未达到规定的 0.90 的标准外（其值为 0.869），其余所有拟合指标均超过了规定的参考值。从其他绝对拟合指标看，$x^2/\mathrm{df}=4.439$，小于参考指标值 5；AGFI=0.957，大于规定的 0.9 的标准；CFI、NFI、NNFI、RFI、IFI 等相对拟合优度指标值均大于给定的标准值 0.90。因此，从整体上看，数据与模型拟合较好，虽然 0.869 低于 0.90，但学者 Bollen（1989）指出，在实际研究中部分拟合指数常常可能达不到规定的 0.90 的参考标准，因此建议对拟合指数可以适当放宽限制，尤其是在开拓性研究中，拟合指数大于 0.85 也是可以被接受的标准。

表 6.19 整体模型拟合优度指标结果（$p=0.47$）

x^2/df	GFI	AGFI	RMSEA	CFI	NFI	NNFI	RFI	IFI
4.439	0.869	0.957	0.061	0.931	0.962	0.966	0.934	0.937

6.4.4 信度检验

各测量项目的信度系数都高于 0.5 的严格标准，信度系数最低值为 0.50，最高值为 0.86。所有测量指标的标准化负荷都在 0.70 以上且均达到显著性水平，这表明测量指标的选择是合理的。

因子的信度用 Cronbach's α 信度和组合信度来衡量，从统计结果可以看出，所有因子的 Cronbach's α 值的范围为 0.76~0.91，均大于 0.7 的参考标准值。各因子的组合信度值为0.81~0.93，均高于0.6的参考值，这表明各潜变量信度指标可以接受，测量表现出良好的内部一致性，信度指标都可以接受。

所有变量模型的测量参数估计值见表6.20。

表6.20　所有变量模型的测量参数估计值

潜变量	测量项目	标准化负荷（λ）	t 值	信度系数 R^2	组合信度	AVE	α 系数
旅游增权	TE1	0.74	23.41***	0.55	0.92	0.66	0.84
	TE2	0.82	13.32***	0.67			
	TE3	0.91	14.39***	0.83			
	TE4	0.86	15.82***	0.74			
	TE5	0.76	11.98***	0.58			
	TE6	0.78	12.87***	0.61			
社区参与	CP1	0.93	18.31***	0.86	0.93	0.70	0.81
	CP2	0.86	12.29***	0.74			
	CP3	0.79	10.78***	0.62			
	CP4	0.75	18.41***	0.56			
	CP5	0.84	14.77***	0.71			
	CP6	0.85	12.43***	0.72			
旅游积极影响	TPI1	0.87	12.47***	0.76	0.87	0.62	0.83
	TPI2	0.74	11.94***	0.55			
	TPI3	0.75	13.46***	0.56			
	TPI4	0.79	19.39***	0.62			
旅游消极影响	TNI1	0.92	13.57***	0.85	0.91	0.73	0.78
	TNI2	0.83	10.28***	0.69			
	TNI3	0.78	11.07***	0.61			
	TNI4	0.87	16.53***	0.76			

表6.20(续)

潜变量	测量项目	标准化负荷（λ）	t 值	信度系数 R^2	组合信度	AVE	α 系数
结果公平	RF1	0.80	16.04***	0.64	0.89	0.67	0.91
	RF2	0.79	13.27***	0.62			
	RF3	0.77	9.67***	0.59			
	RF4	0.84	8.52***	0.71			
程序公平	PF1	0.82	14.13***	0.67	0.81	0.59	0.76
	PF2	0.72	11.92***	0.52			
	PF3	0.76	10.45***	0.58			
交互公平	IF1	0.75	13.24***	0.56	0.82	0.66	0.83
	IF2	0.71	9.89***	0.50			
	IF3	0.86	10.16***	0.74			
居民满意度	RS1	0.84	13.19***	0.71	0.84	0.65	0.88
	RS2	0.78	11.41***	0.61			
	RS3	0.79	13.32***	0.62			

注：***表示在0.001的水平上显著。

6.4.5 效度评估

从表6.20参数估计的结果看，各潜变量所属因子载荷为0.71~0.93，皆大于0.5的接受标准值而又小于0.95，表明本书中所有潜变量具有良好的收敛效度。从各潜变量平均方差抽取量AVE的统计结果值看，各潜变量的AVE值为0.59~0.73，均超过规定的0.5以上的参考标准值，这表明观察变量/指标变量被其潜在变量构念/特质解释的变异量远高于其被测量误差所解释的变异量，各潜变量的测量具有足够的收敛效度。

对于区别效度/判定效度的检验，通过将各因子AVE值的平方根（$\sqrt{\text{AVE}}$）和各因子之间的相关系数分别输入表6.21进行比较，其中$\sqrt{\text{AVE}}$位于对角线的位置，两因子之间的相关系数位于矩阵左下角位置。

表 6.21　所有变量模型的区别效度

	旅游增权	社区参与	旅游积极影响	旅游消极影响	结果公平	程序公平	交互公平	居民满意度
旅游增权	0.81							
社区参与	0.61	0.84						
旅游积极影响	0.42	0.43	0.79					
旅游消极影响	0.51	0.49	0.75	0.85				
结果公平	0.53	0.58	0.45	0.66	0.82			
程序公平	0.43	0.47	0.48	0.44	0.78	0.79		
交互公平	0.56	0.53	0.52	0.42	0.59	0.74	0.77	
居民满意度	0.60	0.51	0.59	0.48	0.46	0.58	0.48	0.81

从表 6.21 可以看出，民族村寨社区旅游居民满意度各因子 AVE 值的平方根为 0.77~0.85，这些数值均大于对应的相关系数值，说明因子间具有良好的区别效度。

6.5　本章小结

本章主要是对大样本数据进行描述性统计，然后对各因子进行验证性因子分析，在此基础上对所有模型中的潜变量做了整体验证性因子分析，并为下一章进行结构方程模型的假设检验奠定基础。

第7章　假设检验与结果分析

7.1　控制变量的影响分析

中介变量和因变量除了受到自变量旅游增权影响外，可能还要受到其他控制变量的影响。本书中的控制变量有九个，分别是性别、居住地、年龄、教育背景、在本地居住时间、家庭中从事旅游业的人数、家庭人均月收入、家庭收入来源、与旅游业的关系。本书中的控制变量均属于分类型变量，通过对这些变量进行分差分析，检验控制变量对中介变量和因变量的影响，以确定在后面的假设检验中是否需要加以进一步考虑，以增强模型的准确性和提高结论的可靠性[150-152]。

由于性别和居住地进行的是两组平均数的检验，故采用独立样本的 t-test 方法最为合适，而剩余所有控制变量的组别都在三组以上，亦即要进行三组以上母群体平均数的显著性检验，t-test 法便不再适宜，需要采用 one-way ANOVA（单因素方差分析）方法。进行单因素方差分析之前，需要对方差齐性进行检验，如果方差检验为齐性的采用 LSD 法两两进行均值比较；相反，如果方差检验为非齐性的则应采用 Tamhane 法进行两两均值比较，再通过 t 检验结果判断均值之间是否存在显著差异性[153]。考虑到行文简洁的需要，本书中只将均值比较有显著性差异的结果列出，对于均值检验结果不显著的则进行了直接省略。

7.1.1　居民性别对中介变量和因变量的影响分析

在分析中首先将样本根据性别分为男性和女性两组，采用独立样本 t-test 法进行分析，判断居民性别对中介变量和因变量的影响是否有显著的差异。在 95% 置信度水平下，统计分析的结果表明性别对旅游影响无显著差异，但对社区参与、感知公平和居民满意度却有显著差异。究其原因可能是少数民族地区女性相对男性而言受教育程度更低，与男性相比在家庭和社会中的地位偏低，是典型的弱势人群，更少有机会参与社区事务和接触社会，因此他们在社区参与、感知公平和居民满意度上的判断和认知能力较男性低。其 t-test 分析如表 7.1 所示。

表 7.1　性别对中介变量和因变量的独立样本 t-test 分析

变量名	性别	样本数	均值	方差齐性检验		独立样本 t 检验	
				F	sig.	差异值	sig.
社区参与	男	291	3.022 3	0.807	0.370	0.039	0.013
	女	134	3.061 5				
感知公平	男	291	3.573 2	1.573	0.059	−0.039	0.004
	女	134	3.534 6				
居民满意度	男	291	3.370 5	1.756	0.186	0.045	0.032
	女	134	3.415 6				

注：方差齐性检验的显著性水平为 0.05。

7.1.2　居住地对中介变量和因变量的影响分析

本书中按照出生地和居住地将居民分为本地居民和外地居民两类，然后采用独立样本 t-test 法进行分析，判断居住地对中介变量和因变量的影响是否有显著的差异。在 95% 置信度水平下，统计分析的结果表明是否为原住民对中介变量和因变量均无显著差异，如表 7.2 所示。

表 7.2　原住民与否对中介变量和因变量的独立样本 t-test 分析

变量名	是否为原住民	样本数	均值	方差齐性检验		独立样本 t 检验	
				F	sig.	差异值	sig.
旅游增权	本地	398	3.574	0.578	0.238	0.146	0.186
	外地	27	3.428				
社区参与	本地	398	3.286	0.846	0.362	0.349	0.503
	外地	27	2.937				

表7.2(续)

变量名	是否为原住民	样本数	均值	方差齐性检验		独立样本 t 检验	
				F	sig.	差异值	sig.
旅游影响	本地	398	4.223	1.571	0.297	0.238	0.131
	外地	27	3.985				
感知公平	本地	398	2.579	0.736	0.859	-0.339	0.392
	外地	27	2.918				
居民满意度	本地	398	3.085	1.153	0.162	-0.542	0.631
	外地	27	3.627				

注:方差齐性检验的显著性水平为0.05。

7.1.3 居民年龄对中介变量和因变量的影响分析

本书中将居民的年龄按照"18岁及以下""19~24岁""25~45岁""46~59岁""60岁及以上"分为五类,利用单因素方差分析法判断不同年龄阶段是否对旅游增权、社区参与、旅游影响、感知公平和居民满意度产生显著影响。从表7.3可以看出,在95%的置信度水平下,居民年龄对社区参与和居民满意度的影响并无显著性差异,而对旅游影响和感知公平的影响却有显著差异,因此需要进一步的比较研究。方差分析的结果显示旅游影响的方差齐性检验结果呈现齐性,应用LSD法进行均值两两比较;感知公平变量的方差齐性检验呈现非齐性,应用Tamhane法进行均值的两两比较,并同时给出了在95%的置信度水平下均值有显著性差异的比较结果,见表7.4。

表7.3 基于年龄的方差分析结果

变量名		平方和	自由度	均方	均值差异性检验		方差齐性检验	
					F	sig.	sig.	是否齐性
社区参与	组间	0.290	4	0.072	0.111	0.979	0.346	是
	组内	275.047	420	0.655				
	合计	275.337	424					

变量名		平方和	自由度	均方	均值差异性检验		方差齐性检验	
					F	sig.	sig.	是否齐性
旅游影响	组间	3.363	4	0.841	2.960	0.020	0.745	是
	组内	119.298	420	0.284				
	合计	122.661	424					
感知公平	组间	0.756	4	0.189	0.957	0.031	0.001	否
	组内	82.880	420	0.197				
	合计	83.635	424					
居民满意度	组间	6.921	4	1.730	1.797	0.128	0.089	是
	组内	404.391	420	0.963				
	合计	411.311	424					

注：方差齐性检验的显著性水平为0.05。

表7.4　不同年龄旅游影响和感知公平多重比较结果

变量名	分析方法	（I）年龄	（J）年龄	均值差异	sig.
旅游影响	LSD	19~24 岁	25~45 岁	−0.498 52*	0.000
			46~59 岁	−0.358 90*	0.000
			60 岁及以上	−0.923 70*	0.000
		25~45 岁	60 岁及以上	−0.696 67*	0.000
感知公平	Tamhane	25~45 岁	18 岁及以下	0.425 17*	0.035
			60 岁及以上	−0.079 44*	0.005

注：*表示在0.05的水平下具有显著的差异。

从表7.4可以看出，年龄为19~24岁的居民与25~45岁、46~59岁和60岁及以上年龄阶段的居民在旅游影响感知方面存在显著差异，前者均低于后三个年龄段的居民；年龄为25~45岁居民的旅游影响感知与60岁以上年龄阶段的居民差异显著，均值前者低于后者。因此从总体上看，相对于年长者，年轻居民的旅游影响感知要更低些。原因可能是在少数民族地区年轻人经常外出打工，在家居住时间较少，对旅游开发前后旅游影响感知的对比相对弱化。相反，年龄越长的居民对旅游开发前后村寨变化的感知越明显。对于感知公平而言，25~45 岁年龄段的居民与 18 岁及以下和 60 岁及以上年龄段的居民存在显著差异。究其原因，可能是年龄的差异导致居民价值取向和对不公平容忍程度的不同造成的。18 岁及以下的居民还没有成年，对公平的认识、理解和体会相对会弱一些，而 60 岁及以上居民其对不公平性的容忍程度较高，因此较25~45 岁的居民感知要弱些。

7.1.4 教育背景对中介变量和因变量的影响分析

考虑到民族地区经济和教育的欠发达性，本书将居民的教育背景划分为"初中及以下""中专或高中""大专及以上"三个类别，利用单因素方差法对居民教育背景是否对中介变量和因变量产生影响进行分析，结果如表 7.5所示。

表 7.5　基于教育背景的单因素方差分析结果

变量名		平方和	自由度	均方	均值差异性检验		方差齐性检验	
					F	sig.	sig.	是否齐性
社区参与	组间	34.727	18	1.736	3.275	0.000	0.581	是
	组内	269.428	406	0.584				
	总计	304.155	424					
旅游影响	组间	27.451	18	1.373	6.080	0.000	0.953	是
	组内	106.866	406	0.232				
	总计	134.317	424					
感知公平	组间	9.404	18	0.470	2.435	0.001	0.890	是
	组内	86.802	406	0.188				
	总计	96.207	424					
居民满意度	组间	18.577	18	0.929	0.993	0.000	0.485	是
	组内	460.611	406	0.999				
	Total	479.189	424					

注：方差齐性检验的显著性水平为 0.05。

通过表 7.5 可以看出，在 95%的置信度水平下，居民教育背景对社区参与、旅游影响、感知公平和居民满意度的影响都有显著差异，需要进一步分析。根据方差分析的结果可以看出，几个变量的方差齐性检验均呈现齐性，用LSD法进行多重比较的结果（列出的是均值比较有显著差异的结果）如表7.6所示。

表7.6　居民教育背景对中介变量和因变量的多重比较结果

变量名	（I）教育背景	（J）教育背景	均值差异	sig.
社区参与	大专及以上	初中及以下	0.727*	0.008
		高中或中专	0.493*	0.002
	高中或中专	初中及以下	0.375*	0.006
旅游影响	大专及以上	初中及以下	0.415*	0.017
		高中或中专	0.463*	0.008
感知公平	大专及以上	初中及以下	0.378*	0.000
		高中或中专	0.248*	0.003
居民满意度	大专及以上	初中及以下	−0.253*	0.006
		高中或中专	−0.288*	0.004
	高中或中专	初中及以下	−0.315*	0.001

注：* 表示在 0.05 的水平下具有显著的差异。

从表7.6均值两两比较的结果来看，学历为大专及以上、高中或中专以及初中以下的居民在社区参与、旅游影响、感知公平和居民满意度上具有较大差异。与低学历的居民相比，学历越高的居民在社区参与、旅游影响、感知公平上的得分越低，而不满意的程度相对越高。这可能是因为学历越高的居民与外界交流的空间和机会也越多，对公平、社区参与的期望也就越高，当不能实现这种期望时反而更失望。因此，他们对社区参与、旅游影响、感知公平和居民满意度上的感知也就会相对较低。

7.1.5　家庭中从事旅游的人数对中介变量和因变量的影响分析

本书将家庭中从事旅游的人数分为"0人""1人""2人""3人""4人及以上"五类。采用单因素方差分析法判断居民家中从事旅游业的人数在社区参与、旅游影响、感知公平和居民满意度的影响上是否存在显著差异。结果如表7.7所示。

表7.7 基于家庭中从事旅游人数的单因素方差分析结果

变量名		平方和	自由度	均方	均值差异性检验		方差齐性检验	
					F	sig.	sig.	是否齐性
社区参与	组间	6.376	8	0.797	1.233	0.043	0.000	否
	组内	268.961	416	0.647				
	总计	275.337	424					
旅游影响	组间	5.008	8	0.626	2.213	0.268	0.296	是
	组内	117.653	416	0.283				
	总计	122.661	424					
感知公平	组间	1.457	8	0.182	0.922	0.582	0.470	是
	组内	82.178	416	0.198				
	总计	83.635	424					
居民满意度	组间	14.796	8	1.850	1.940	0.033	0.351	是
	组内	396.515	416	0.953				
	Total	411.311	424	0.797				

注：方差齐性检验的显著性水平为0.05。

从表7.7中可以看出，在95%的置信水平下，家庭中从事旅游的人数对感知公平和旅游影响没有显著差异，而对社区参与和居民满意度的影响却有显著差异，需要进行进一步分析。通过方差分析的结果显示，社区参与的方差齐性检验呈现齐性，则采用LSD法进行均值的两两比较；居民满意度的方差齐性检验呈现非齐性，则用Tamhane法进行均值的两两比较，如表7.8所示。

表 7.8　家庭中从事旅游人数对中介变量和因变量的多重比较结果

变量名	(I) 人数	(J) 人数	均值差异	sig.
社区参与	4 人及以上	0 人	0.727*	0.008
		1 人	0.493*	0.043
		2 人	0.472*	0.005
		3 人	0.415*	0.021
	3 人	0 人	0.375*	0.006
		1 人	0.179*	0.000
		2 人	0.824*	0.000
	2 人	0 人	0.937*	0.000
		1 人	0.545*	0.000
居民满意度	4 人及以上	0 人	0.484*	0.000
		1 人	0.377*	0.000
		2 人	0.175*	0.004
		3 人	0.361*	0.001
	3 人	0 人	0.575*	0.037
		1 人	0.661*	0.001

注：* 表示在 0.05 的水平下具有显著的差异。

从表 7.8 两两均值比较的结果可以看出，家庭中从事旅游人数较多的在社区参与和居民满意度与家庭中从事旅游人数较少的相比，前者均高于后者，原因是家庭中从事旅游人数越多，从旅游中获益就越多，对社区参与的愿望就越强烈，居民也就更乐于支持旅游业的发展，满意度就越高。

7.1.6　居住时间对中介变量和因变量的影响分析

本书将居民的居住时间分为 "5 年以下" "5~10 年" "11~20 年" "21~30 年" "30 年以上" 五类。采用单因素方差分析法判断居民居住时间对社区参与、旅游影响、感知公平和居民满意度的影响是否存在显著差异。结果如表7.9所示。

表7.9 居住时间对中介变量和因变量的多重比较结果

变量名		平方和	自由度	均方	均值差异性检验		方差齐性检验	
					F	sig.	sig.	是否齐性
社区参与	组间	9.562	6	1.594	2.507	0.069	0.065	是
	组内	265.775	418	0.636				
	总计	275.337	424					
旅游影响	组间	6.739	6	1.123	4.050	0.001	0.000	否
	组内	115.923	418	0.277				
	总计	122.661	424					
感知公平	组间	4.429	6	0.738	3.895	0.001	0.000	否
	组内	79.207	418	0.189				
	总计	83.635	424					
居民满意度	组间	5.295	6	0.883	0.909	0.248	0.834	是
	组内	406.016	418	0.971				
	Total	411.311	424					

注：方差齐性检验的显著性水平为0.05。

通过表7.9可以看出在95%的置信水平下，居民居住时间对社区参与和感知公平的影响并无显著差异性，而对旅游影响、居民满意度的影响却有显著差异性，因此需要进一步比较研究。方差分析结果表明旅游影响、居民满意度的方差齐性检验呈现非齐性，需要用Tamhane法进行均值的两两比较，如表7.10所示。

表 7.10 居住时间对中介变量和因变量多重比较结果

变量名	分析方法	(I) 居住时间	(J) 居住时间	均值差异	sig.
旅游影响	Tamhane	5 年以下	11~20 年	-0.335*	0.004
			21~30 年	-0.416*	0.026
			30 年以上	-0.978*	0.018
		30 年以上	5~10 年	0.912*	0.002
			11~20 年	0.868*	0.041
居民满意度	Tamhane	30 年以上	5 年以下	-0.784*	0.000
			5~10 年	-0.526*	0.004
			11~20 年	-0.301*	0.012
			21~30 年	-0.247*	0.000
		11~20 年	5~10 年	-0.136*	0.034
			21~30 年	0.265*	0.005

注：* 表示在 0.05 的水平下具有显著的差异。

从表 7.10 可以看出，就居民居住时间而言，居住"5 年以下"的居民与居住"11~20 年""21~30 年""30 年以上"的居民在旅游影响感知上存在显著差异。居住"5 年以下"的居民旅游影响感知比居住时间在"10 年以上"的居民得分的分值更低。居住时间在"30 年以上"的居民与居住时间在"5~10 年""11~20 年"的居民也有显著差异。居住时间较短者大部分是外地来该村寨从事旅游经营业务的居民，他们的生产和生活直接和旅游业相关，因此他们对旅游影响的感知与居住时间长的居民相比就更敏感，满意度也就相对较高。相反，居住时间较长的居民由于常年在景区及村寨生活，他们缺乏从旅游业中直接获益的方法和技能，但却要承担旅游开发而导致的邻里关系恶化、生活成本提升、传统民俗民风受到破坏等方面的影响，因此居民满意度会因居住时间的增加而变得更低。

7.1.7 家庭人均月收入对中介变量和因变量的影响分析

本书将居民家庭人均月收入分为"1 000 元及以下""1 001~2 000 元""2 001~3 000 元""3 000 元以上"四类。采用单因素方差分析法判断居民家庭人均月收入对社区参与、旅游影响、感知公平、居民满意度的影响是否存在显著差异，结果如表 7.11 所示。

表 7.11 基于家庭人均月收入的方差分析结果

变量名		平方和	自由度	均方	均值差异性检验		方差齐性检验	
					F	sig.	sig.	是否齐性
社区参与	组间	22.539	4	5.635	9.362	0.580	0.000	否
	组内	252.798	420	0.602				
	总计	275.337	424					
旅游影响	组间	2.008	4	0.502	1.747	0.139	0.123	是
	组内	120.654	420	0.287				
	总计	122.661	424					
感知公平	组间	13.378	4	3.344	19.993	0.000	0.617	是
	组内	70.258	420	0.167				
	总计	83.635	424					
居民满意度	组间	157.807	4	39.452	65.363	0.000	0.000	否
	组内	253.504	420	0.604				
	总计	411.311	424					

注：方差齐性检验的显著性水平为 0.05。

从表 7.11 的分析结果可以看出，在 95% 的置信水平下，家庭人均月收入对社区参与和旅游影响的影响没有显著的差异。而对感知公平和居民满意度却有显著差异，经过方差齐性检验发现感知公平呈现齐性而居民满意度呈现非齐性，需要进一步分类比较，多重方差比较的结果如表 7.12 所示。

表 7.12 家庭人均月收入对中介变量和因变量多重比较结果

变量名	分析方法	（I）家庭人均月收入	（J）家庭人均月收入	均值差异	sig.
感知公平	LSD	1 000 元及以下	2 001～3 000 元	−0.468*	0.000
			3 000 元以上	−0.393*	0.017
		3 000 元以上	2 001～3 000 元	0.527*	0.000

表7.12(续)

变量名	分析方法	（I）家庭人均月收入	（J）家庭人均月收入	均值差异	sig.
居民满意度	Tamhane	1 000 元及以下	2 001~3 000 元	−0.297*	0.000
		3 000 元以上	3 000 元以上	−0.281*	0.001
			2 001~3 000 元	0.633*	0.000

注：* 表示在 0.05 的水平下具有显著的差异。

从表 7.12 的分析结果可知，家庭人均月收入在"1 000 元及以下"的居民与"1 001~2 000 元"和"3 000 元以上"的居民相比，在感知公平和居民满意度上存在显著的差异。家庭人均月收入在"3 000 元以上"的居民在感知公平和居民满意度上与家庭人均月收入在"2 001~3 000 元"的居民也存在显著的差异。家庭月收入水平越高的居民越倾向对感知公平和满意度做出高评价，家庭月收入水平较低的居民，越倾向于做出低评价。究其原因可能是因为居民近距离地与周围的参照群体相比较，相对剥夺感会越强。另外，收入水平低的居民生活压力和负担往往更重，也越容易产生不公平感和不满意。

7.1.8 家庭收入来源对中介变量和因变量的影响分析

本书中将家庭收入来源分为"全靠务农""务农为主，旅游为辅""旅游为主，务农为辅""全靠旅游，几乎没有农业收入""其他"五类。基于家庭收入来源的单因素方差分析的结果如表 7.13 所示。

表 7.13　基于家庭收入来源的方差分析结果

变量名		平方和	自由度	均方	均值差异性检验		方差齐性检验	
					F	sig.	sig.	是否齐性
社区参与	组间	25.080	8	3.135	5.211	0.822	0.592	是
	组内	250.257	416	0.602				
	总计	275.337	424					
旅游影响	组间	7.460	8	0.932	3.367	0.541	0.367	是
	组内	115.202	416	0.277				
	总计	122.661	424					

表7.13(续)

变量名		平方和	自由度	均方	均值差异性检验		方差齐性检验	
					F	sig.	sig.	是否齐性
感知公平	组间	3.373	8	0.422	2.185	0.328	0.003	否
	组内	80.263	416	0.193				
	总计	83.635	424					
居民满意度	组间	8.937	8	1.117	1.155	0.001	0.035	否
	组内	402.374	416	0.967				
	总计	411.311	424					

注：方差齐性检验的显著性水平为0.05。

从表7.13统计分析的结果看，在95%的置信水平下，家庭收入来源对社区参与、旅游影响和感知公平的影响并无显著性差异，而对居民满意度的影响却有显著差异性，因此需要进一步比较研究。方差分析的结果显示，居民满意度的方差检验为非齐性，因此需要采用LSD法进行均值的两两比较，如表7.14所示。

表7.14　家庭收入来源对居民满意度多重比较结果

变量名	分析方法	（I）家庭收入来源	（J）家庭收入来源	均值差异	sig.
居民满意度	LSD	全靠务农	务农为主，旅游为辅	−0.101*	0.000
			旅游为主，务农为辅	−0.853*	0.023
			全靠旅游，几乎没有农业收入	−0.977*	0.019
		旅游为主，务农为辅	务农为主，旅游为辅	0.512*	0.005
			全靠旅游，几乎没有农业收入	−0.138*	0.011

注：*表示在0.05的水平下具有显著的差异。

从表7.14统计分析的结果来看，家庭收入来源"全靠务农"与家庭收入"以务农为主，旅游为辅""旅游为主，务农为辅""全靠旅游，几乎没有农业收入"的有显著的差异。同时，"以旅游为主，务农为辅"作为家庭收入来源的与"务农为主，旅游为辅"和"全靠旅游，几乎没有农业收入"的居民，在满意度上也有显著的差异性。即从旅游开发与发展中能获得收益的居民满意度要高于不能从中得收益的居民，从旅游中获得收益多的居民，对旅游发展的满意度要高于低收益者。这表明能否从旅游开发与发展中获得旅游收入是影响居民满意度的重要因素。

7.1.9 居民与旅游业的关系对中介变量和因变量的影响分析

本书中将居民与旅游业的关系分为"本人直接从事旅游业""家中有人直接从事旅游业"和"其他"三类。利用单因素方差分析法判断与旅游业的关系对社区参与、旅游影响、感知公平和居民满意度的影响是否存在显著差异，结果如表 7.15 所示。

表 7.15 基于与旅游业关系的方差分析结果

变量名		平方和	自由度	均方	均值差异性检验		方差齐性检验	
					F	sig.	sig.	是否齐性
社区参与	组间	2.882	4	0.720	1.111	0.351	0.383	是
	组内	272.455	420	0.649				
	总计	275.337	424					
旅游影响	组间	3.245	4	0.811	2.853	0.524	0.002	否
	组内	119.416	420	0.284				
	总计	122.661	424					
感知公平	组间	4.241	4	1.060	5.609	0.680	0.041	否
	组内	79.394	420	0.189				
	总计	83.635	424					
居民满意度	组间	10.554	4	2.639	2.765	0.727	0.013	否
	组内	400.757	420	0.954				
	总计	411.311	424					

注：方差齐性检验的显著性水平为 0.05。

通过统计分析结果可以看出，在 95% 的置信度水平下，居民与旅游业的关系对社区参与、旅游影响、感知公平、居民满意度的影响并无显著的差异。因此无须对样本做进一步的比较分析。

7.2 基于结构方程的假设检验

本章主要采用结构方程建模技术对前面所提出的概念模型和相关假设进行检验和解释。从本质而言,结构方程建模也是一种验证性因子分析,而本书在前面的章节中已经详细介绍了验证性因子分析的步骤、方法、检验内容、指标和判断标准,在此就不再赘述。利用 AMOS 20.0 软件对概念模型中的相关参数进行估计,结果如表 7.16 所示。

表 7.16 概念模型的拟合指标值

$x^2/\mathrm{d}f$	GFI	AGFI	RMSEA	CFI	NFI	NNFI	RFI	IFI
2.742	0.908	0.877	0.039	0.910	0.903	0.912	0.901	0.893

从表 7.16 中可知,$x^2/\mathrm{d}f = 2.742$,不仅小于 5,而且小于更严格的建议值 3;GFI、CFI、NFI、NNFI、RFI 均超过了给定的建议值 0.90 以上,虽然 AGFI、IFI 的值略低于 0.90,但学者 Bollen(1989)指出在开拓性研究中,拟合指数大于 0.85 也可以被接受[156]。RMSEA 值为 0.039,也小于给定的 0.05 的标准。总体而言,概念模型的拟合指标基本符合要求,表明该模型是可以接受的模型。为了更清楚地说明理论模型的关系,图 7.1 和表 7.17 详细列出了理论模型的各项相关指数。

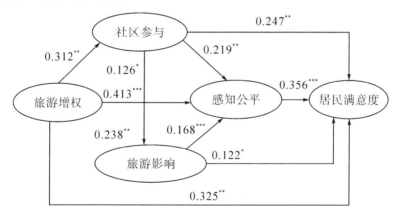

图 7.1 民族村寨社区旅游居民满意度关系模型图

注:*表示在 0.05 水平上显著,**表示在 0.01 水平上显著,***表示在 0.001 水平上显著。

表 7.17   理论模型检验结果

假设	变量间关系	标准化系数	临界比（C.R）	显著性概率	是否支持假设
假设 7-1	旅游增权——社区参与	0.312**	16.171	0.036	是
假设 7-2	旅游增权——旅游影响	0.238**	3.509	0.008	是
假设 7-3	旅游增权——居民满意度	0.325**	6.170	0.001	是
假设 7-4	旅游增权——感知公平	0.413***	5.248	0.000	是
假设 7-5	感知公平——居民满意度	0.356***	3.337	0.000	是
假设 7-6	社区参与——感知公平	0.219**	3.803	0.004	是
假设 7-7	旅游影响——感知公平	0.168***	13.470	0.000	是
假设 7-8	社区参与——旅游影响	0.126*	7.125	0.037	是
假设 7-9	社区参与——居民满意度	0.247**	2.786	0.006	是
假设 7-10	旅游影响——居民满意度	0.122*	2.980	0.044	是

注：* 表示在 0.05 水平上显著，** 表示在 0.01 水平上显著，*** 表示在 0.001 水平上显著。

对前文假设关系的检验，以路径系数是否达到显著性水平为标准。本书认为，如果路径系数达到 0.05 以上显著水平，则假设成立。相反，如果路径系数检验的显著性水平低于 0.05 则认为不显著，假设关系不成立。路径系数的显著性水平在 0.01 以上为强显著，假设部分成立。路径系数的显著性水平在 0.001 以上为超强显著，假设关系成立。按照此标准，对本书相关假设检验的结果如下：

假设 7-1：旅游增权越多，则越有利于居民的社区参与。

结构方程分析的结果表明，旅游增权对社区参与的标准化路径系数为 0.312，显著性水平在 0.01 以上，假设 7-1 成立，旅游增权对社区参与有显著的正向影响。

假设 7-2：旅游增权越多，则居民对社区旅游的影响感知越明显。

结构方程分析的结果表明，旅游增权对旅游影响的路径系数为 0.238，显著性水平在 0.01 以上，假设 7-2 成立，旅游增权对旅游影响感知有显著的正向影响。

假设 7-3：旅游增权越多，则居民对社区旅游的满意度越高。

结构方程分析的结果表明，旅游增权对居民满意度的标准化路径系数为 0.325，显著性水平在 0.01 以上，假设 7-3 成立，旅游增权对社区旅游满意度有显著的正向影响。

假设 7-4：旅游增权越多，则居民感知越公平。

结构方程分析的结果表明，旅游增权对居民感知公平的标准化路径系数为 0.413，显著性水平在 0.001 以上，假设 7-4 成立，旅游增权对感知公平有显著的正向影响。

假设 7-5：居民感知越公平，则居民的社区旅游满意度越高。

该假设通过二阶验证性因子分析检验进行，结构方程分析的结果表明，感知公平对居民满意度的标准化路径系数为 0.356，显著性水平在 0.001 以上，假设 7-5 成立，感知公平对居民满意度有显著的正向影响。

假设 7-6：社区参与越高，则居民的感知公平越强。

结构方程分析的结果表明，社区参与对居民感知公平的标准化路径系数为 0.219，显著性水平在 0.01 以上，假设 7-6 成立，社区参与对居民感知公平有显著的正向影响。

假设 7-7：旅游影响感知越明显，则居民的感知公平越强。

结构方程分析的结果表明，旅游影响对感知公平的标准化路径系数为 0.168，显著性水平在 0.001 以上，假设 7-7 成立，旅游影响对感知公平有显著的正向影响。

假设 7-8：社区参与越强，旅游影响感知越明显。

结构方程分析的结果表明，社区参与对旅游影响的标准化路径系数为 0.126，显著性水平在 0.05 以上，假设 7-8 成立，社区参与对旅游影响有显著的正向影响。

假设 7-9：社区参与越强，则居民的满意度越高。

结构方程分析的结果表明，社区参与对居民满意度的标准化路径系数为 0.247，显著性水平在 0.01 以上，假设 7-9 成立，社区参与对居民满意度有显著的正向影响。

假设 7-10：旅游影响感知越明显，则居民的满意度越高。

结构方程分析的结果表明，旅游影响对居民满意度的标准化路径系数为 0.122，显著性水平在 0.05 以上，假设 7-10 成立，旅游影响对居民满意度有显著的正向影响。

7.3 中介传导作用分析

研究发现，旅游增权对感知公平不仅存在直接影响，而且还存在间接影响；旅游增权对居民满意度不仅存在直接影响，而且也存在间接影响；社区参与对感知公平和居民满意度不仅存在直接影响，而且也存在间接影响。这表明社区参与、旅游影响和感知公平在旅游增权和居民满意度之间具有中介传导的作用。具体分析如下：

7.3.1　社区参与的中介传导作用分析

旅游增权对社区参与的标准化路径系数为 0.312（$p<0.01$），社区参与对感知公平的标准化路径系数为 0.219（$p<0.01$），社区参与对居民满意度的标准化路径系数为 0.247（$p<0.01$）。故社区参与在旅游增权、感知公平和居民满意度之间起着中介传导作用，旅游增权通过社区参与变量对感知公平和居民满意度产生间接影响。

7.3.2　旅游影响的中介传导作用分析

旅游增权对旅游影响的标准化路径系数为 0.238（$p<0.01$），旅游影响对感知公平的标准化路径系数为 0.168（$p<0.001$），旅游影响对居民满意度的标准化路径系数为 0.122（$p<0.005$）。故旅游影响在旅游增权、感知公平和居民满意度之间起到中介传导作用，旅游增权通过旅游影响对感知公平和居民满意度产生间接影响。

7.3.3　感知公平的中介传导作用分析

从旅游增权、感知公平、居民满意度的路径看，旅游增权对感知公平的影响路径系数显著（$\beta=0.413$，$p<0.001$），感知公平对居民满意度的路径系数显著（$\beta=0.356$，$p<0.001$），故感知公平在旅游增权和居民满意度之间起着中介传导作用。

从社区参与、感知公平、居民满意度的路径看，社区参与对感知公平影响路径系数显著（$\beta=0.219$，$p<0.01$），感知公平对居民满意度的影响路径系数显著（$\beta=0.356$，$p<0.001$），故感知公平在社区参与和居民满意度之间起着中介传导作用。

从旅游影响、感知公平、居民满意度的路径看，旅游影响对感知公平的影响路径系数显著（$\beta=0.168$，$p<0.001$），感知公平对居民满意度的影响路径系数显著（$\beta=0.356$，$p<0.001$），故感知公平在旅游影响和居民满意度之间起着中介传导作用。

综上所述，旅游增权既可以通过社区参与和旅游影响的中介传导作用对居民满意度产生影响，也可以通过感知公平的中介传导作用对居民满意度产生影响，还可以同时通过社区参与、旅游影响和感知公平的中介传导作用对居民满意度产生影响。

7.4 影响效果分析

路径分析中各变量间的影响效果（effect）分为直接效果（direct effects）和间接效果（indirect effects），两种效果的和称为外因变量对内因变量影响的总效果值（total effects）。直接效果是指预测变量没有通过中介变量而直接对效标变量产生影响。间接效果是指预测变量通过一个以上的中介变量对效标变量产生影响。直接效果的强弱通过具有显著性水平的路径系数的大小来衡量；而间接效果的强弱则是通过直接效果值的连乘积数值的大小来衡量，即间接效果值的大小等于所有直接效果的路径系数相乘所得的积。据此本书整理出了旅游增权对感知公平的直接影响、间接影响和总影响系数，如表7.18所示。

表7.18 对居民满意度的直接和间接效果值

因果路径	直接效果值	间接效果值	总效果值
旅游增权——居民满意度	0.325**	0.298**	0.623***
社区参与——居民满意度	0.247**	0.101**	0.348***
旅游影响——居民满意度	0.122*	0.059*	0.181**
感知公平——居民满意度	0.356***	—	0.356***

从表7.18可以看出，旅游增权、社区参与、旅游影响和感知公平对居民满意度的直接效果值分别为0.325、0.247、0.122、0.356，且均达到显著性水平。间接效果值均达到显著性水平，其值分别为0.298、0.101、0.059。感知公平由于只对居民满意度产生直接影响，不存在间接影响，所以感知公平对居民满意度的间接效果值不存在。各变量对居民满意度的总效果值均达到显著性水平，其数值分别为：旅游增权对居民满意度的总效果值为0.623；社区参与对居民满意度的总效果值为0.348；旅游影响对居民满意度的总效果值为0.181；感知公平对居民满意度的总效果值为0.356。表7.18中的数据显示，旅游增权对居民满意度的影响作用大于社区参与、旅游影响和感知公平等变量。这也说明了旅游增权是影响居民社区旅游满意度最重要的因素。

最后对本书中所有假设检验结果进行汇总，见表 7.19，检验的结果支持了本书所提出的理论模型，得出了一些重要的结论。本书所提出的研究假设之所以都获得了支持，一方面是因为在开展研究的过程中进行了大量的文献和实地调研；另一方面是因为在研究之前与研究过程中，获得了多名旅游学专家的指导和帮助。

表 7.19　假设检验结果汇总表

假设	假设内容	是否支持假设
假设 7-1	旅游增权对社区参与有显著的正向影响	是
假设 7-2	旅游增权对旅游影响感知有显著的正向影响	是
假设 7-3	旅游增权对居民满意度有显著的正向影响	是
假设 7-4	旅游增权对居民的感知公平有显著的正向影响	是
假设 7-5	感知公平对居民的满意度有显著的正向影响	是
假设 7-6	社区参与对居民的感知公平有显著的正向影响	是
假设 7-7	旅游影响对居民的感知公平有显著的正向影响	是
假设 7-8	社区参与对旅游影响有显著的正向影响	是
假设 7-9	社区参与对居民的满意度有显著的正向影响	是
假设 7-10	旅游影响对居民的满意度有显著的正向影响	是

7.5　分析与讨论

通过上面的实证分析，旅游增权、社区参与、旅游影响和感知公平显著影响民族村寨社区旅游居民满意。民族村寨社区旅游居民满意与否无论对社区旅游的发展还是现有和未来旅游项目的运作和营销都是需考量的重要因素[157]。为了深入分析和掌握影响民族村寨社区旅游居民满意度的各维度以及各题项的具体情况，以便提出更有针对性的提升策略，本书对各维度及子维度进行了细分，民族村寨社区旅游居民满意度的影响因素包括旅游增权、社区参与、旅游影响（2 个子维度：旅游积极影响和旅游消极影响）、感知公平（3 个子维度：结果公平、程序公平、交互公平）和居民满意度 5 个维度。针对各维度及子维度用李克特 7 点量表进行调查数据的统计，得出民族村寨社区旅游居民满意度的总体均值和各维度及子维度的均值如表 7.20 所示。

表 7.20　民族村寨社区旅游居民满意度统计分析

测量维度及子维度	子维度均值	维度均值	总体均值
旅游增权	2.98（差）	2.98（差）	3.84
社区参与	3.39（差）	3.39（差）	
旅游积极影响（子维度1）	5.01（良）	5.46（良）	
旅游消极影响（子维度2）	5.91（优）		
结果公平（子维度1）	3.15（差）	3.22（差）	
程序公平（子维度2）	2.93（差）		
交互公平（子维度3）	3.58（差）		
居民满意度	3.73（差）	3.73（差）	

为了便于了解目前民族村寨社区旅游居民满意度5大维度及其子维度数据的具体情况，将李克特七分制换算成百分制并将百分制按照80分以上为优，60分以下为差，大于60分而小于80分为良，分成"优、良、差"三个评定等级。数据调查统计结果显示，民族村寨社区旅游居民满意度的综合总平均值为3.84，换算成百分制为54.86分，可见居民对社区旅游整体满意度为"差"。从各测量维度层面看，居民对社区旅游满意度感知情况依次是：旅游增权（2.98分换算成百分制是42.57分）为"差"；社区参与（3.39分换算成百分制是48.42分）为"差"；旅游影响（5.46分换算成百分制是78分）为"良"，其中旅游积极影响（5.01分换算成百分制是71.57分）为"良"，旅游消极影响（5.91分换算成百分制是84.43分）为"优"；感知公平（3.22分换算成百分制是46分）为"差"，其中结果公平、程序公平、交互公平均为"差"；居民满意度（3.73分换算成百分制是53.29分）为"差"。只有旅游积极影响和旅游消极影响两个因素高于总平均分3.84分，其余因素得分均低于总体均值。得分最高的是旅游消极影响（5.91分），得分最低的是旅游增权（2.98分）。旅游增权的过低得分明显降低了居民满意度的总体水平。下面将根据居民对民族村寨社区旅游满意度的5大维度及其子维度进行具体分析。

7.5.1　旅游增权感知"差"

调查数据显示，居民对民族村寨社区旅游满意度的5大维度中，旅游增权（2.98分）得分最低，也是5大维度中唯一得分低于3分的影响因素，居民在此维度上的感知水平为"差"。这说明所被调查居民明显感觉并注意到在社区旅游中权利的缺失问题。进一步对该维度下各题项分析见表 7.21。

表 7.21　旅游增权维度各题项感知现状描述

序号	问卷题项	平均数	标准差
RS1	有保障居民监督、控制旅游开发的机制	2.49（差）	1.295
RS2	旅游收入分配有相应制度规范	3.05（差）	1.291
RS3	有平衡旅游利益主体权利和义务的制度安排	3.30（差）	1.180
RS4	有规范和约束旅游开发商或政府管理部门行为的制度	3.21（差）	1.186
RS5	有保障社区居民自由使用社区资源从事农林矿牧渔业的制度	3.15（差）	1.093
RS6	有保障社区居民优先参与本地旅游开发、管理和项目建设的规章制度	2.72（差）	1.154
总体		2.98（差）	1.027

　　题项 RS1"有保障居民监督、控制旅游开发的机制"得分为 2.49，为所有测量题项中得分最低的；RS6"有保障社区居民优先参与本地旅游开发、管理和项目建设的规章制度"（2.72 分）、RS2"旅游收入分配有相应制度规范"（3.05 分）、RS5"有保障社区居民自由使用社区资源从事农林矿牧渔业的制度"（3.15 分）、RS4"有规范和约束旅游开发商或政府管理部门行为的制度"（3.21 分）、RS3"有平衡旅游利益主体权利和义务的制度安排"（3.30 分）等测量项目的得分也普遍较低（均低于 4 分），其原因是：民族村寨社区居民分享旅游开发与发展所带来的利益是以社区居民对旅游资源的所有权为依据的，只有居民凭借自身的权利主体地位理性地利用所掌握的资源影响旅游开发与发展的过程才能成为分享旅游收益的现实力量。也就是说，社区居民无论以何种方式分享旅游利益，其实质都是在现有产权制度下对旅游资源产权所包含的一系列权力束的关注与获取。目前民族村寨社区旅游资源产权不明晰和得不到有效保护引发其制度安排的缺失或虚置，导致对既定产权关系的约束作用、对旅游利益主体权利和义务的规定以及通过制度抑制固有的机会主义的行为和利用制度对违反规则的行为进行惩罚的功能自然削弱，使拥有较强权力的政府和开发商损害或剥夺了本该属于居民的合理的权益。直接体现在对旅游资源的使用权的规定方面，对开发的限制范围、开发利用的强度、建设项目的布局等规划方面的权利、项目建设和门票销售的权利等归于政府，虽然征求居民意见但是并没有可操作性的制度来确定其效力，而且居民只有建议权没有否决权。

同时规定不得在景区内安排任何有碍风景的农业用地,旅游资源产权的这种排他性无疑使社区居民不得不放弃本属于自己的权利。在构成自然旅游资源产权的一组权利中只有景区服务项目经营权可以合法流转,但是由于在现行的制度安排中并没有使部分经营权必然流向社区居民的规定,其结果往往是企业或其他外来私人投资者获得了这一权利,当地社区居民的权利被完全排除。可见,进行旅游增权的必要性急需解决。

7.5.2 社区参与感知"差"

居民在社区参与维度上的整体感知为 3.39 分,感知为差。进一步对该维度下的各题项分析见表 7.22。

表 7.22 社区参与维度各题项感知现状描述

序号	问卷题项	平均数	标准差
RS7	居民有权参与旅游决策的制定	3.44(差)	1.174
RS8	居民有权决定有关旅游规划问题	2.90(差)	1.157
RS9	居民有权参与社区旅游的日常管理	2.78(差)	1.198
RS10	居民有权避免旅游的好工作全部被外来者拥有	3.02(差)	1.343
RS11	居民有参与旅游管理的意识	4.86(良)	1.192
RS12	居民能和投资者实现利益共享	3.31(差)	1.180
总体		3.385(差)	1.145

题项 RS9"居民有权参与社区旅游的日常管理"(2.78 分)、RS8"居民有权决定有关旅游规划问题"(2.90 分)、RS10"居民有权避免旅游的好工作全部被外来者拥有"(3.02 分)、RS7"居民有权参与旅游决策的制定"(3.44分)得分显著偏低,可见居民在社区旅游的日常管理、总体规划、决策方面参与度不高。寨内被调查的大部分居民认为,主要是村干部和社区精英参与了社区旅游的开发、规划和经营决策管理,普通居民参与机会少,偶尔参与但影响甚微。这是由于目前民族村寨缺乏参与的话语权与决策权,社区参与只不过是一种象征性的参与、表面性的参与和咨询性的参与。社区参与更多的是对即将实施的旅游规划、建议和发展在小范围内做出反应[158],这种参与实质上是对现有公共关系的一种掩饰。但是 RS11"居民有参与旅游管理的意识"(4.86分)感知为良,这说明民族村寨社区居民并不缺乏参与意识。可能的原因是居民切身感受到只有更多地参与到社区旅游中去才能分享到旅游发展所带来的

好处。但是由于受到制度保障和自身参与能力方面的限制，所谓的社区参与没有落到实处，并不能真正实现对社区旅游事务的有效决策管理和监督。而RS12"居民能和投资者实现利益共享"（3.31分）感知为"差"，这是因为旅游开发商逐利的本质使其以赚取最大利润为目标，其不情愿也不可能自愿的将更多的利润分给村民，尤其是在现行制度和执行层面缺乏对其约束的情况下，居民想通过旅游实现与开发商利益共享并帮其脱贫致富难度太大。

7.5.3 旅游积极影响感知"良"

根据前文的研究可知，旅游影响可划分为旅游积极影响和旅游消极影响两个子维度。从表7.23可以看出旅游积极影响维度上的整体感知为"良"（5.01分）。

表7.23 旅游积极影响感知题项现状描述

序号	问卷题项	平均数	标准差
RS13	旅游发展改善了本地外观和公共服务设施	5.14	1.127
RS14	旅游发展给居民带来了新的工作机会	4.58	1.167
RS15	旅游发展提高了本地居民的个人或家庭收入	5.06	0.986
RS16	旅游发展有利于当地文化的挖掘和发展	5.26	0.868
总体		5.01	1.013

题项RS16"旅游发展有利于当地文化的挖掘和发展"（5.26分）、RS13"旅游发展改善了本地外观和公共服务设施"（5.14分）、RS15"旅游发展提高了本地居民的个人或家庭收入"（5.06分）得分均高于旅游积极影响感知的总体平均分（5.01分），反映出当地为满足旅游业迅速发展的需要，确实改善了一些硬件设施建设并加大了对少数民族传统文化的深度挖掘，使其彰显出更大的文化价值。这也在一定程度上给当地居民带来了便利与实惠，使居民也从中感受到旅游为当地带来的积极的社会和文化影响并且感知强烈。而题项RS14"旅游发展给居民带来了新的工作机会"（4.58分）虽然也达到了"良"的感知，但是却明显低于平均分（5.01分），可能原因是旅游开发与发展虽然带来了大量新的工作机会，但是由于少数民族地区居民普遍受教育程度偏低又缺乏相关的工作经验与工作技巧，在与外来人员的竞争中普遍处于劣势，他们中只有个别人才能在旅游开发与发展中找到一些外来人员不愿意做的、条件较差的工作。这说明旅游在解决当地居民的就业问题还有待于进一步提升。

7.5.4 旅游消极影响感知"优"

居民在旅游消极影响维度上的感知为"优"（5.91分）。通过进一步对题项的分析发现，每个题项上的消极影响感知均达到了"优"，具体见表7.24。

表7.24 旅游消极影响感知题项现状描述

序号	问卷题项	平均数	标准差
RS17	旅游发展引起了本地的物价上涨	5.63	1.012
RS18	旅游发展只使少数人获益	6.04	1.115
RS19	旅游发展造成了居民邻里关系恶化	5.84	0.723
RS20	旅游发展使本地环境污染（水、空气、噪音、垃圾等）加重	6.13	0.660
总体		5.91	1.211

题项RS18"旅游发展只使少数人获益"（6.04分）得分较高，仅次于RS20"旅游发展使本地环境污染（水、空气、噪音、垃圾等）加重"（6.13分），说明旅游开发与发展促进当地经济增长并不等同于社区居民就能获得更大的经济收益。相反，只是使较少的、有一定经营能力的居民受益。旅游业还没有让更多的居民实现经济致富的目标。居民对环境感知比较敏感，更多的居民感受到了旅游给当地环境带来的负面影响，这说明旅游虽然在一些方面改善了本地的硬件设施建设，但是同时也使居民深切感受到自然环境的恶化以及对其生活和生产方面带来的严重干扰。可能的原因在于政府或官员为追求任期内的短期政绩往往低价招商并疏于对开发商约束，造成对公共自然旅游资源使用缺乏必要的监督；而开发商为使投资尽快获利经常会不惜对资源及环境透支使用。同时旅游资源所具有的公共资源特性（也就是对于任何居民个人来说，公共资源不被自己占有就有可能被他人占有，如果自己不占有而他人占有，那么自己分享不到任何收益但是却必须承担他人占有的成本，这样只能对他人有利而对自己不利），即人们共同使用整个资源系统，但每个人又都无权排除他人使用该资源的权利，在这种资源环境中，理性的行为可能导致资源使用拥挤或资源退化的问题[163]以及缺乏投资维护与提升旅游资源的动力[164]。在缺乏制度约束的情况下，必然会造成资源和环境被竞争性的过度使用。因此，必然使本地环境污染（水、空气、噪音、垃圾等）加重。题项RS19"旅游发展造成了居民邻里关系恶化"（5.84分）位居第三，这说明旅游开发与发展使原本和睦的邻里关系遭到破坏并出现摩擦。可能的原因是在旅游经营过程中居民彼

此间缺乏合作，为了使自身利益最大化常常用一些不正当的手段损害甚至侵犯他人的利益。题项 RS17 "旅游发展引起了本地的物价上涨"（5.63 分）感知也较强烈，可能的原因是旅游开发与发展为景区吸引了更多的商业投资，同时旅游自身的经济影响也促使更多的外来经营者流向景区及其周围，因而提高了本地物价水平。

7.5.5 感知公平 "差"

整体感知公平为 3.22 分，换算成百分制为 46 分，可见居民整体的感知公平为 "差"。由于感知公平潜变量由 3 个维度构成，各维度层面下的感知情况分别是结果公平为 "差"（3.15 分）、程序公平为 "差"（2.93 分）、交互公平为 "差"（3.58 分），具体如表 7.25 所示。

表 7.25　感知公平统计分析

测量维度	维度均值	总体均值
结果公平	3.15	
程序公平	2.93	3.22
交互公平	3.58	

7.5.5.1　结果公平的感知为 "差"

居民在结果公平维度上的感知为 "差"（3.15 分），进一步对题项分析见表 7.26。

表 7.26　结果公平维度各题项感知现状描述

序号	问卷题项	平均数	标准差
RS21	失去了原有房屋或土地的居民得到了政府合理经济补偿	3.31	0.959
RS22	我得到的旅游经济收益与我为旅游发展所做贡献相吻合	3.38	0.731
RS23	居民旅游收益提成会随着社区旅游的发展而增加	2.42	0.669
RS24	旅游收益分配方案能够代表大多数居民的意愿	3.50	0.626
总体		3.15	0.714

居民在各题项上的感知得分由低到高依次为：RS23 "居民旅游收益提成会随着社区旅游的发展而增加"（2.42 分）、RS21 "失去了原有房屋或土地的居

民得到了政府合理经济补偿"（3.31 分）、RS22"我得到的旅游经济收益与我为旅游发展所做贡献相吻合"（3.38 分）和 RS24"旅游收益分配方案能够代表大多数居民的意愿"（3.50 分），四个题项的得分普遍偏低。可见，旅游目的地居民对现有旅游经济收益或补偿的不感知公平最为强烈。这是因为在我国现有的旅游资源产权制度中对景区内财产所有权人和使用权人的损失是否补偿以及在多大程度上补偿的规定十分笼统，导致在对补偿的具体操作中无规可循、无章可依，更多的情况下是将这部分收入纳入政府或开发商的囊中，而不是在权益受损的居民中进行分配，直接的后果就是居民得不到门票收入以及处置经营权的转让费用。最后使民族村寨社区旅游开发与发展所获得的经济利益大多数被政府或开发商攫取，而因此失去自身生产要素和主要生活来源或住所的社区居民却只获得了极少的一部分利益，对其的利益补偿不足以维持失地或失去房屋所带来的损失，但是却要承担旅游开发所带来的一切消极后果，因此，居民对此非常不满，这也是成为引起一系列矛盾冲突的根源。

7.5.5.2 程序公平的感知为"差"

居民在程序公平维度上的感知为"差"（2.93 分），进一步对题项的分析见表 7.27。

表 7.27 程序公平维度各题项感知现状描述

序号	问卷题项	平均数	标准差
RS25	我可以通过正式渠道表达我对收益分配问题的看法或感受	2.16	0.729
RS26	政府对损害居民权益行为的处理是及时有效的	3.28	0.951
RS27	居民感觉有失公平的决定有正规的质疑程序	3.37	0.747
总体		2.93	0.685

居民对题项 RS25"我可以通过正式渠道表达我对收益分配问题的看法或感受"，感知最"差"，仅为 2.16 分，这说明目前旅游目的地利益表达机制不够健全和完善，居民还无法在制度化渠道内主张自身利益。马克思曾指出，追求财富、权力、声望、社会地位、社会平等、公平正义是人类奋斗的终极目标。如果因公平正义缺失产生的不满情绪，无法通过制度化渠道得以合理合法的宣泄与释放，这种不满情绪积累到一定程度就必然会引发对现行制度、规范和秩序的怀疑、蔑视和敌视等各种危害社会稳定的悖逆式行为的发生。平时不满却沉默的大多数则很可能在一个很小的突发事件中成为愤怒的大多数，做出意想不到的破坏性行为，从而危及公共安全和社会稳定[169]。因此，在制度性

利益表达和维权途径不畅或受阻的情况下，弱势群体不得不选择一种非常化的群体抗争形式[170]——堵塞交通、围困执法人员、围堵冲击党政机关、关闭围堵景区、殴打景区工作人员、到政府部门静坐等非法形式[159]，表达内心强烈的不满。居民对题项 RS26"政府对损害居民权益行为的处理是及时有效的"（3.28 分），感知为"差"，得分也较低。这说明一些地方政府部门对一些带有普遍性的居民利益问题重视不够、解决不力，不能及时有效地解决和维护居民的合法权益。这也从侧面反映出居民的利益诉求在基层常受到漠视、拖延、推诿，甚至不予理睬，当问题屡经反映没有回应或者无法得到彻底解决，就会导致矛盾越拖越复杂，使居民情绪更加偏激，这也是造成村寨居民与政府或开发商屡屡发生矛盾冲突的重要原因。题项 RS27"居民感觉有失公平的决定有正规的质疑程序"（3.37 分），感知为"差"，得分也较低。由于缺乏维护公平的程序，不公平的状态被无形中放大。因此，为了解决旅游开发与发展所带来的利益分配不公平的机制、体制、程序和规范，必须进行更新或再造。

7.5.5.3 交互公平的感知为"差"

居民在交互公平维度上的感知为"差"（3.58 分），进一步对题项分析见表 7.28。

表 7.28 交互公平维度各题项感知现状描述

序号	问卷题项	平均数	标准差
RS28	我愿意与政府工作人员打交道，因为他们友好礼貌，诚实可信	3.84	0.848
RS29	政府或开发商让我知道景区运行和年度红利情况	3.22	1.157
RS30	政府工作人员尊重和重视我们反映的问题	3.67	1.48
总体		3.58	0.924

居民对题项 RS29"政府或开发商让我知道景区运行和年度红利情况"（3.22 分）感知得分最低。这说明在民族村寨社区旅游中实现信息公平还任重而道远。这主要是因为一方面村寨居民普遍受教育的水平较低，获取信息的能力和渠道较弱；另一方面由于居民的社会地位较低，影响了他们使用信息的权力，由此便产生了信息不对称和信息不公平的现象。题项 RS30"政府工作人员尊重和重视我们反映的问题"（3.67 分）、RS28"我愿意与政府工作人员打交道，因为他们友好礼貌，诚实可信"（3.84 分），得分均偏低。可见，居民对政府部门工作人员办事态度、办事方法与过程的认可程度较低。政府部门这种令居民不满的作风表面上看是一些办事人员的素质和业务能力问题，而实际

上是由于权力一直没有受到监督与制约造成的。

7.5.6　居民满意度感知"差"

居民在满意度维度上的感知为"差"（3.73 分），进一步对题项的分析见表 7.29。

表 7.29　居民满意度维度各题项感知现状描述

序号	问卷题项	平均数	标准差
RS31	与期望中的旅游发展相比较，居民对本地旅游发展的满意度	3.93	1.233
RS32	与其他邻近村寨相比较，居民对本地旅游发展的满意度	3.18	1.248
RS33	居民对旅游发展的总体满意度	4.07	1.157
总体		3.73	0.988

在该维度下，题项 RS31 "与期望中的旅游发展相比较，居民对本地旅游发展的满意度"（3.93 分）得分较低，感知为"差"。这是因为政府旅游开发之前以及开发过程中为获得社区居民的大力支持，会对旅游开发所带来的各种好处进行积极的宣传报道。另外，为加大对外招商引资的力度和吸引更有实力的旅游开发商对景区进行开发，政府部门还会直接参与到一系列的对外宣传、协商和洽谈工作当中，并且还会从人力、财力、物力以及政策等方面对旅游开发与发展进行支持和倾斜，将旅游业当成地方重点产业来抓，主要领导还会经常亲临现场检查指导旅游开发工作，这种自上而下声势浩大的旅游开发会使居民对旅游开发与发展产生很高的心理预期。同时，寨内一些有经营头脑和一定资金优势以及人脉关系的各种旅游经营能人，往往能较快地通过旅游业发家致富过上富裕的生活；而寨内大部分的社区居民都比较贫穷落后，他们也强烈希望自己能像社区精英那样通过发展旅游改善自己和家人的境遇。这两方面的原因使寨内居民对旅游开发与发展的预期较高。而旅游开发的真实情况却是：旅游发展过程中，寨内居民虽然一定程度上取得了一些经济收益，但是旅游开发与发展却带来了严重的环境污染、邻里关系恶化、物价上涨以及社区权益被侵犯等一系列的负面问题。而且随着旅游开发的深入，不少居民开始清醒地认识到：政府所宣传的居民可以参与旅游开发经营并可以从中获得经济收益是要受知识、资金、能力、人际关系、技术以及居民家离游览线路和游客活动中心距离远近等很多条件的限制和制约，并不是每个人都有这样的机会和能力从事旅

游经营并从中获利。因此，受自身条件和旅游负面问题的影响，居民的失望和不满情绪使其对旅游发展的满意度感知较低。

题项 RS32 "与其他邻近村寨相比较，居民对本地旅游发展的满意度" （3.18 分）得分就更低了，感知为 "差"。这是因为桃坪羌寨和甲居藏寨旅游开发与发展是在著名的九寨沟景区之后进行的，位于四川省阿坝藏族羌族自治州九寨沟县境内的九寨沟通过开发和发展旅游，不仅使九寨沟的环境风貌和设施条件迅速得到极大改善，而且使寨内的藏民脱离贫困过上了富足的生活。对邻近成功旅游地的经验感知使得桃坪羌寨和甲居藏寨的居民迫切希望能像九寨沟那样，通过旅游发展提高经济发展水平，改善生活条件。但现实的情况是，政府和开发商攫取了旅游发展的绝大部分经济利益，而这两个村寨居民不但不能像九寨沟居民那样公平地进行旅游发展的利益分享和成本分担，还要过多的承担和忍受旅游开发的巨大成本——旅游开发所造成的经济、生态环境和社会等各方面的负面影响，这种巨大的反差，造成了居民对旅游开发与发展的反感与强烈不满。

题项 RS33 "居民对旅游发展的总体满意度" （4.07 分）虽然感知也为 "差"，但是在得分上有所提高。村寨居民对旅游发展总体满意度达到一般水平。这是因为居民对旅游发展总体满意度与寨内旅游发展水平相关，旅游发展水平越高，则居民整体满意度也就越高。但是就居民个体层面而言，旅游发展整体满意度还要受到经济利益和环境、社会风貌等其他因素的影响。虽然两寨居民对旅游经济收益分配公平性不满意，但是毕竟旅游的发展促进了本地经济的繁荣与发展，改善了整个村寨外观、公共服务设施和基础设施，提升了本地形象和知名度，且在更新居民的传统思想观念、接触现代信息社会等都有显著的促进作用。旅游发展的这些积极作用在一定程度上可以抵消因利益分配不公而导致居民对旅游发展的极大不满，因此居民对旅游发展总体满意度相对有所提高。

7.6　居民满意度提升策略研究

7.6.1　旅游增权

旅游增权是影响社区旅游居民满意度最核心的变量，由于旅游继续被政府和开发商所控制，这也是目前社区参与形式化、表面化的重要原因。社区居民因权力缺失而使居民在与政府、开发商的权力博弈中处于劣势，不仅无法保障居民自身利益，而且也使社区共同利益受到侵犯和剥夺，因此必须通过增权对弱势群体——居民的权利进行保障。而增权的前提就是必须清楚导致目前村寨居民在社区旅游发展中失权的根源，即由我国旅游资源产权模糊的本质造成的，否则所提出的建议和措施是无助于实际问题的解决。

7.6.1.1　建立合理的旅游资源产权制度

民族村寨社区旅游开发与发展中出现利益纷争和群体性事件的根源是现有产权制度下缺乏对旅游资源产权的有效界定，导致政府为追求机构利益或官员个人利益进行政治寻租，打着"公共利益需要"的招牌，使政策在制定和执行过程中偏离"公共利益"，这种因政府利益对政府行为渗透的结果就是公权力公然对私权利进行侵犯，使旅游产生的绝大部分利益进入了政府机构和开发商的囊中，部分利益被地方精英获得，而民族村寨里只有极少数的个人或家庭可以直接从旅游中获得少量的、间歇性的经济收益，大部分居民因缺少资金或相应的技能而很难分享到旅游带来的经济收益。社区居民不仅不能公平分享收益，还不得不面临着因旅游开发和保护而丧失原本自己可以进行农耕牧渔的资源使用机会，以至于旅游开发不但未能使居民过上富裕的生活反而使居民有返贫的倾向。因此，只有从制度和法律上明晰旅游资源的产权关系才是解决问题的关键。

第一，清晰界定旅游资源的产权。"产权是个人和组织的一组受保护的权利，所有者可以通过收购、使用、抵押和转让资产的方式持有（消极的运用）或处理（积极地运用）某些资产并占有这些资产在运用中所产生的效益"[160]。产权是指法律对劳动者的财产成果进行保护不受他人侵犯的一组权利束（包括所有权、占有权、支配权、使用权、收益权和处置权在内的权利束）。其目的是一方面激励个人运用劳动或财产积极创造劳动成果；另一方面通过使收益和成本向所有者集中，达到对资源更有效的利用。产权的重要性就在于它能使一个人与他人交易时形成一种合理的预期，使人们的行为更可预见并由此促进着劳动分工和创造财富[165]，从而实现个人收益的最大化。民族地区旅游开发的特殊性就在于对旅游者产生强烈吸引力的不仅包括自然地理风貌、气候气象条件和野生动植物资源等自然旅游资源，还包括民族历史文化、民族建筑、民族风情习俗等文化旅游资源。民族村寨一旦从事旅游开发，原来由社区集体所有或居民个人所有的，在本民族内部不具有稀缺性和经济价值的民族文化资源就变成了具有稀缺性、排他性和带来经济效益的资产。但由于在旅游开发的三大主要利益相关者中，政府可以凭借强大的国家权威排斥社区居民对旅游资源的使用权，开发商作为强势阶层则可借国家之名、政府之手廉价获得土地，将社区居民排斥在旅游资源增殖收益之外，而作为民族传统文化"活态载体"的社区居民虽然拥有旅游资源利用主体和资源使用本体的双重身份，但受自身受教育程度和资本积累的客观条件限制等，使其很难从旅游发展中获得相应的经济收益。如果旅游开发和发展不能使当地村寨居民获得与自身为旅游发展所做贡献相匹配甚至是足够的经济利益，那么产权就很难发挥其激励作用。

科斯研究指出"市场交易就是产权交易"，一个没有产权的社会是一个效率绝对低下的社会，也是资源配置绝对无效的社会。只有对旅游资源产权进行清晰的界定才能实现对资源的最佳配置，才能有效解决外部不经济的问题（指某项活动使得社会成本高于个体成本的情形，即某项事务或活动对周围环境造成不良影响而行为人并未因此付出任何补偿）以及因旅游收益来源和分配公平性问题而引发的各种纠纷。

第二，确立社区的产权主体地位。这就需要在实践中必须保障社区绝对拥有对旅游开发与发展的部分规划权、经营流转权和旅游资源使用权，并明确政府、开发商和社区居民在这一过程中的权利与义务。同时对旅游资源中的使用权、收益权、处置权等权利归属问题以及旅游资源开发与保护等问题按照收益、成本、风险共荣原则，出台具体可操作性的制度对其进行规定和约束。国家主动还权于社区、赋权于民，使社区对旅游资源的产权关系得到真正的回归。

第三，用有效的产权制度约束既定的产权关系。制度是要求大家共同遵守的办事规程或行动准则，用来抑制可能出现的乖僻个人行为和机会主义行为，形塑人类互动关系的约束[166]。王宁（2006）[161] 提出要用正式制度保障社区居民的权益，而且只有国家才有能力供给和保障这样的环境。因此，需要通过国家设计的产权制度明确产权主体之间的权利和义务关系以及产权行使和保护的规则，并对违反产权安排的行为进行惩罚和处理。旅游资源产权的内生困境以及公共资源属性导致的公地悲剧问题的实质是因产权没能起到激励作用，旅游资源属于民族村寨社区整体共同拥有，但经营旅游资源所创造的经济价值却被政府、开发商或村寨内少数个体所私有，而全体村寨居民却未因此获得任何经济补偿或分享到任何经济收益。因此，在缺乏行为监督和法律保护的情况下必然造成利益主体之间较为激烈的矛盾和冲突。尤其是在政府或政府官员为实现经济增长或政绩的主动开发以及旅游开发商为获得短期回报的情况下，就不可避免地出现政府或开发商与民争利，侵犯社区居民权益的行为发生。因此，必须明确政府、开发商和居民的权利与责任。对于任何增进一方利益而使其他利益主体的利益受到损失的行为，都要将相应的成本分配到从这些行为中所获的利益中去。对于村寨中旅游经营者因自己的经营行为对村寨整体以及其他经营者的利益造成损害的应当由其承担相应的补偿，从而通过这样的约束有效避免外部不经济行为。

第四，完善相关法律法规，解决农民集体组织本身不具有法人资格的问题。在我国城市土地归国有，农村土地归农民集体所有，但由于农民集体不是一个法律上的组织，只是一个抽象的、不具有法律人格的集合体，因此在现有的法律制度下，农民集体组织本身并不能拥有土地的财产权益。由于缺乏真正具有人格化的主体，农民集体虽然在法律上和名义上对土地拥有较为完全的产权，但实际上农民集体对土地的所有权处于虚置状态。农民集体对土地不具有真实的处置权，农民集体只有被动接受土地转变为旅游用地而没有拒绝其转变的权利。而对土地的实际控制权，却掌握在不拥有土地所有权的官员或农村集体代理人手中，他们借旅游开发之名将当地居民世代繁衍生息、从事生产生活并从中获得一切生存资料的土地进行合法的征收并用于旅游开发。因此必须尽快完善相关的法律法规，明确界定农民集体所有土地是集体中的所有村民成员共同拥有，而且在将民族村寨里的集体资源纳入旅游开发与发展规划时，必须征求全体村民的意见，并将具体内容进行完全公开且由全体村民通过表决进行处置。这样不仅可以有效避免集体代理人或社区精英为追求个人私利低价租赁或低价转让而损害居民利益问题，而且还可以对农村集体进行必要的法人化处理，使其成为具有真正意义上的法人资格并充分体现法人制度的机理。

虽然社区旅游资源产权的界定是一个非常复杂的过程，但从旅游经济和产权制度的内在要求来看却是一个刻不容缓的趋势。因此，迫切需要在我国当前的法律和制度中对产权的归属以及权能进行相应的规定和确认。

7.6.1.2 从制度上规范旅游收入合理分配问题

第一，明确农民集体土地使用权流转收益归全体村民所有。随着社会经济的不断发展以及民族村寨社区旅游吸引力的日益凸显，在民族村寨社区旅游开发与发展中，对农民集体土地的使用需求量急剧增加。土地是产生和创造一切财富的来源，而用于旅游开发与发展的民族村寨的土地资源更因其稀缺性和蕴含的巨大财富价值，使其在土地使用中产生巨大的利润空间，而现行立法层面和监管层面的缺失、农民受自身能力限制以及易被眼前蝇头小利所蒙蔽使得其无法获得土地流转所产生的收益。因此，必须从法律上对农村集体土地流转而产生的收益分配问题进行规范。这就需要按照公平的原则，一方面，使土地使用权人在平衡投资和收益的前提下，将因土地使用权流转而增加的收益，根据收益的性质按比例分配给村寨的农民；另一方面，作为管理者的政府部门还需要通过税收方式对因使用权流转而产生的增值收益进行再次分配,用来对那些因自身能力较弱而不能参与旅游开发与发展的社区居民进行补贴,从而削弱马太效应的影响使强势者不能独享旅游收益,使弱势群体获得应有的补偿。同时,开发与发展旅游对社区生态环境会造成一定程度的损害,从而需要对损害的直接承担者——社区居民进行生态环境补偿,这种补偿应具有普及性和全面性,是对旅游效益在社区进行的二次分配,以体现公平性。

第二,将门票收入进行分成。目前,景区因门票收入分配显失公平成为居民抵制旅游的一个重要方面。因此,需要将门票收入按照一定的比例在政府部门或旅游开发商之间进行合理分配。

7.6.1.3 完善对村寨居民征地占房的补偿标准

我国现有的法律制度规定:只有国家才能因公共利益需要对土地实施依法征收。任何单位或个人因建设需要,征用除农村本集体自有土地外的任何农村土地进行使用的,无论用途是公益性还是商业性都必须通过政府进行征收。由于在我国的宪法和法律中并未对公共利益进行界定,这种规定的模糊性使政府对农村土地征用权力过大、范围过宽。尤其是缺乏依法监管的情况下,政府部门官员为了个人私利,打着公共利益的旗号强制征收农民用以谋生的土地进行经营性或者商业性开发,通过土地出让金从中谋取了巨额的收益和利润。而失去生产或生活资料来源(土地)的居民,却无法用政府补偿的少许货币收益,解决长期生存需求的问题,而只能满足自身短期需要。土地的有限性和稀缺性使得政府不能也无力再给失地农民另外一块土地进行补偿,失地农民成了真正的"无产者"。因此,为解决上述问题就需要:①用新的法律或制度对公共利益的项目或范围进行清晰而又准确的界定,解决因法律上的模糊界定而赋予政府的强制征收权问题。②建立农村居民征地占房的知情权和参与权。土地就是农民的生命,没有了土地农民就失去了安身立命的根基。因此,政府对与农民切身利益密切相关的土地进行征收的过程中,必须保障农民的事先同意权、知情权,事中的参与权、表达权以及事后的申诉权,使征地过程带来的好处一定要超过整个征地过程的损失。只有村寨居民自身权利能得以捍卫和保护才能让村寨居民信服。③进行公平的补偿。这就需要以市场为依据,按照被征用土地的价值、供求关系以及地理区位,进行科学的考察、评估,并制定具体的、富有弹性的公开、公正、公平的补偿标准,取消原来的一次性货币补偿标准和机械倍数的原则。由政府将土地征用补偿管理体制、程序、可供选择的安置方案和补偿标准公开告之被征地人并建立相应的审查制度、听证制度和举报制度,加强对征地标准和补偿情况的监督与制约。同时,设立专项基金为失地农民缴纳各种社会保险和对因失地使生活水平处于贫苦的居民给予适当补偿。

7.6.1.4　实行社区旅游入股合作制度

改变现有土地出租开发方式为股份制，建立"共容利益"机制[162]。这具体又分为五种情况：其一，对景区开发投入了资金的村民可凭借资金入股；其二，按照旅游开发规划安排需要占用农民旅游资源的，必须由具有评估资格的第三方机构对所占用的旅游资源进行评估作价并将其折算成相应的股份作为入股的基础；其三，在旅游开发和相关配套工程建设项目上实行按劳动入股，将村民的劳动积累变相转化为资金积累，然后具体折算成对应的股份；其四，对于旅游开发过程中没有投入生产要素，与景区也没有经济利益关系，但因旅游开发改变了其原有生活环境和劳作方式导致其经济收入减少的居民，一方面要对其造成的经济损失部分进行相应的补偿，另一方面按照社区居民在民族文化旅游资源中创造价值的多少由当地村寨居民按户持股平均分配（每户占若干股份）股份量化到个人；其五，在旅游基础设施和服务设施建设中因占用非旅游区道路等损害村寨社区或居民利益的也应按照相应的折算作价入股。另外，对于村寨居民以土地入股的无论经营盈亏，政府或旅游开发商每年都必须先期支付一定比例的金额作为社区居民的保底分红。对于因旅游开发而使土地增值部分的盈利，村民必须享有继续分红的权利，获得盈利收入。最后，村寨居民无论以何种方式或形式入股或退股都要本着入股自愿、退股自由的原则，任何单位和个人均不能以任何理由进行干预和阻碍。实行社区旅游入股合作制度，让村寨居民真正变成股东使其依据自身的条件积极参与到旅游开发与发展中，并获得一定的经济补偿实现对其的激励作用。这种共荣利益机制不仅可以使村民与开发商或政府真正结为利益共享、风险共担的利益共同体，而且还可保障农民对土地的收益权，同时又赋予农民作为股东参与或监督经营管理的权利和资格，使村民从旅游发展中获得实实在在的经济利益，公平享受到旅游开发带来的各种好处，促使其积极投身到景区环境保护和景区形象维护中，有效化解旅游开发与发展中各方的矛盾与冲突。

7.6.2　用法律制度保障居民的社区参与权

自从 1985 年墨菲正式在旅游研究中提出社区参与的相关理论和方法以来，国内外学者将社区参与当成是旅游实现可持续发展的重要途径被广泛应用。但是随着社区参与旅游在实践应用中的失败，中外学者对发展中国家实行社区参与的可操作性产生了巨大质疑。究其原因并非社区参与的理论基础出现了问题，而是因为发展中国家缺乏社区参与所需要的高度公民权利和民主文化的社会背景。目前民族村寨的社区参与只是象征性的，只是允许当地社区对即将实施的规划、计划、建议和发展在很小的范围内做出反应[171]，居民并未真正参与到旅游开发决策、旅游规划制订、旅游景区日常管理等行为中去，社区参与继续被政府、开发商所控制。由于社区居民被剥夺了参与旅游开发与发展的权利，就从根本上被剥夺了公平分享旅游收益分配的可能性，也就注定了他们和投资者实现利益共享希望的破灭，他们成了旅游发展的"局外人"。因此，要想使作为技术手段或行动纲领的社区参与发挥其应有的作用，就需要当地的政府部门依照平等性的原则，建立重大旅游开发、规划、决策协商制度。对重大事项做到事前向村寨居民广泛公开，事中广泛听取社区居民代表的意见和建议并通过相关法律和法规明确社区居民参与旅游的权限、程序、机构。通过具体的程序制度使居民参与社区旅游具体化、合法化、制度化，并将其内化到旅游发展的各个阶段和各个环节中去，切实保障居民参与社区旅游的权利落到实处。

7.6.3　加强社区能力建设

民族村寨社区居民的行为能力之所以低下并非社区居民本来是无知的，而是因为信息不公开、不对称，使得他们不能做出对自己最有利的选择[167]。投资商利用信息优势可以从政府处获得旅游开发的特殊政策与优惠，从村寨内获得大量廉价的劳动力和丰富的旅游资源，并通过血缘、宗教和民俗礼仪对景区内的少数居民进行管理，从而达到降低交易成本获得更大旅游收益的目的。当地精英、特殊身份的人以及那些被指派来的管理者也往往利用不对称信息垄断旅游的经济利益[168]。少数民族社区居民在旅游开发与发展中政治上无权（不让其参与旅游决策、旅游规划、旅游日常管理、无力避免旅游好工作全部被外来人员占用等）、经济上无权（不能公平地分享旅游收益和获得补偿、收益与贡献严重不符、旅游带来巨大经济利益但居民收入却未有明显提升、对旅游收益分配方案不满但却无力改变等）、心理无权（对旅游感到悲观失望、沮丧、无助、挫败感等）、社会无权（承受旅游带来的负面影响、邻里间关系紧张恶化、家庭观念淡薄等），一系列无权行为可以通过信息公开来改变因信息缺乏或信息不对称而对居民权益造成损害的现状。

由于民族村寨大多地处偏远、经济比较落后，居民受教育程度普遍不高，获得各种信息并对信息进行分析处理的能力就更低。因此这就需要：①进行文化素质和法律知识教育。民族村寨旅游开发后，随着大量游客的涌入为村寨带来了一些先进的思想和理念，居民的民主意识、参与意识和维权意识逐渐增强，但因文化水平较低、法律意识淡薄，导致在出现摩擦或纷争时，错误地认为通过暴力的行为可以引起媒体和政府的关注，加速问题的解决。通过文化素质教育让居民知道在权益受损害时，可以采取合法途径解决而不是暴力的方式进行维权。②进行旅游影响教育。旅游开发与发展是一把双刃剑，在带动当地经济迅速发展、改善当地外观和基础设施、提高当地知名度、增加当地居民新的工作机会、提高居民整体收入水平、加快当地文化发展的同时，也不可避免地会带来生态环境恶化、邻里关系紧张、社会秩序失控、物价水平上涨以及经济纠纷增多等负面影响。通过旅游影响的教育使居民对旅游开发和发展的积极影响和消极影响有一个较全面的客观认识和评价，才能正确从容地对待旅游发展中出现的各种问题，从而做出更理性的、对自己更有利的选择。③加大对社区居民的信息宣传力度。民族村寨社区居民作为主要旅游利益相关者，拥有合法获得相关旅游信息的权利。这就需要政府或开发商尽快建立旅游信息基础平台，公开透明地将景区建设周期、资金投入和使用、门票收入、收益使用和分配等情况向居民进行公示，使其对相关信息进行及时掌握，从而有效避免因信息不对称而造成的各种矛盾和冲突。

7.6.4　保障社区居民从事旅游的优先权

民族村寨社区居民不仅本身就是重要的旅游资源，而且还是全部旅游负面影响的最终承担者。因此，要优先保障社区居民进行本地旅游开发、经营和项目建设的优先参与权。这就需要：①当地政府部门或旅游开发商在员工雇用、旅游投资、餐饮、住宿以及旅游纪念品和当地特产经营管理等方面要优先考虑民族村寨当地的社区居民，并出台具体的规章保障其优先参与权，从而有效避免旅游经营和在旅游企业就业的机会等被外来经营者或外来人员垄断，为本地居民在经营和就业方面提供优先权，使村寨居民能够依托社区旅游的发展获得更多的就业机会并能获取长期的利益和收入。通过这种实际的利益引导，可调动社区居民对社区旅游的积极支持与配合。②对于村寨居民投资旅游经营企业的，政府要在信贷、税收和土地使用等方面提供优惠政策，尤其是针对居民资金困难问题，政府更要在财政上予以支持并协调金融机构为居民提供低息或补息的小额贷款。同时，积极调动和组织社区集资的方式，为居民筹措开展旅游经营所需要的启动资金，从财政上保障社区居民优先参与的能力。

7.6.5　提高民族村寨社区旅游的发展水平

民族村寨社区旅游的发展因受诸多因素的制约，使其在带动当地经济增长、实现居民增收、削弱居民旅游发展负面感知、弥补居民旅游发展预期与现实的巨大落差以及提升居民整体满意度方面的巨大潜力还没有充分发挥出来。这就需要：①立足本民族特色开发具有差异化和个性化的旅游产品。甲居藏寨的旅游开发模式是政府主导型的，没有旅游开发商或旅游企业的参与，因此受开发经验等方面的限制，甲居藏寨的旅游产品比较单调，缺乏特色旅游产品的生产与销售。虽然个别居民从事提供家庭锅庄等民俗活动项目或提供简单旅游纪念品生产，但现有的旅游服务项目带给游客的体验性并不强，其旅游资源的优势尚未得到完全的开发。而桃坪羌寨虽然有旅游企业介入，旅游产品相对较多，比如锅庄舞、土风歌舞、羌笛演奏等，但大多数产品比较雷同，缺乏创新性。因此，都需要依据本地特色，重点打造能凸显本民族丰富内涵和历史文化传统的，具有个性化、参与性的高效创汇、种类丰富、特色鲜明的旅游产品，实施精品带动战略，提高本地旅游的整体经济效益。②加快民族村寨社区旅游信息化建设速度。这需要充分利用网络信息技术，大力发展旅游电子商务系统和饭店客房以及各类网上预订系统，并加强专业性民族村寨旅游网站建设，及时方便地向游客提供旅游产品和服务的各类相关信息，同时加大对外界宣传推广的力度和深度，从而推动社区旅游的进一步发展。③进行旅游经营规范化和生态保护的培训。传授民族村寨旅游开发中对旅游经营者的权利、责任、安全、卫生、诚信经营、旅游资源的价值、使用、保护等方面的知识。针对如何打造最具有吸引力、最富有体验价值与纪念价值的民族村寨和提供旅游服务吸引游客？如何在旅游经营过程中学会与他人公平竞争并正确对待竞争？如何在使用旅游资源时避免对他人和后代造成不利影响或缩减不利影响？如何进行资源的有效利用，杜绝为了短期利益而进行破坏性的开发和使用行为？通过培训，培养村民的经营意识、创业意识和保护意识。同时，为避免投资者和经营者对民族村寨自然生态环境和旅游资源的破坏，要加大对最易被居民和游客感知的旅游环境的监控和保护。④政府设立民族村寨社区旅游发展专项资金，组织从事旅游经营活动的社区居民到外面参观和考察，学习外地先进的经营管理经验和做法。同时充分发挥本地旅游经营能人的传、帮、带作用，提高当地社区居民从事旅游经营的范围和数量，推动民族村寨社区旅游向规模化、专业化、规范化的方向迈进。⑤不断优化产业发展环境。一方面，要加大民族村寨社区旅游配套设施的建设力度，进一步完善和提升道路、交通、水电、通信、医疗、银行、食宿以及周边环境等方面的建设和改造力度，增强景区旅游的可达性、便捷性、舒适性和体验性，提高旅游的外在形象；另一方面，要加大管理力度，设立游客咨询中心、服务中心和投诉中心。另外，建立奖惩机制，鼓励正当竞争，严厉打击旅游经营中的各种违法违规行为，使其在为游客提供高品质旅游体验的同时，增强游客消费的安全感和满意度，促使民族村寨社区旅游健康有序发展。

7.6.6　建立和完善利益诉求机制

7.6.6.1　建立规范化和制度化的利益表达渠道

为了有效保障广大村寨居民合法利益诉求的实现，需要建立旅游政策与决策、旅游规划、旅游收益分配方案、旅游重大项目建设等与村寨居民切身利益密切相关的诉求机制，使广大村寨居民的意愿、声音和诉求能够通过制度化的渠道表达出来并最终成为制约和引导基层政府进行科学化、民主化决策的有效力量，防止因缺乏正规的利益渠道而伤及村寨居民利益问题的发生。

7.6.6.2　创建利益诉求新平台

利用现代信息技术创建一个反应灵敏、沟通快捷、运转高效的利益表达新平台，对村寨居民反映的利益诉求问题进行及时掌握和处理。对于一时解决不了的问题要耐心细致地做好解释、说明和疏导工作，防止矛盾的进一步激化。

7.6.6.3　改革信访制度，创新信访工作机制

针对信访功能的错位以及属地管理和专信不办信的内在缺陷，要积极创新信访机制，探索建立有效的信访疑难问题的终结办法、终结制度、领导下访和群众来访包案制，明确责任，树立信访问题的权威性和公信力。

7.6.6.4　严格落实行政执法责任制度

政府机关及其工作人员要对居民反映的切身利益问题引起高度重视，对因漠视、拖延、推诿、不管、不问、不依照法定程序和政策认真答复和解决村民反映的带有普遍性、突出性问题或因政府部门或者工作人员工作失误、故意刁难而引起矛盾激化的，要坚决追究相关人员的责任并严肃处理。要教育政府工作人员学会对村民反映的问题换位思考，树立良好的工作作风，增强工作的责任意识、为人民服务意识，以解决村民最关心、最现实的突出问题作为工作绩效考核的标准。

7.6.6.5　加强司法救济，引导民间维权

目前，高昂的诉讼费用和繁琐的诉讼程序影响了居民的合法维权。因此要加大对村民等弱势群体的法律援助力度，一方面政府要设立法律援助的专项基金，加大法律援助的财政保障力度；另一方面要组织成立律师协会等法律服务志愿组织，对村寨弱势居民群体进行重点法律援助，从而有效弥补因其法律意识淡薄、文化素质低下、诉讼资金缺乏而不能有效利用法律手段和程序合法维

权的问题。

7.6.7　建立有效的监督机制

旅游资源的公共资源属性以及由此引发的外部性等需要政府的介入和职能的发挥[172-177]，但政府具有公共利益代表者（制定旅游发展的政策、决策、规则、协调各利益相关者之间的矛盾与冲突、调配旅游资源和基础设施建设等）和特殊利益集团（即为提升政府政绩和官员个人的升迁，以寻求"租金"为目的，打着公共利益的幌子与开发商/旅游企业结成利益同盟，规避各种法律法规限制，违法开发旅游资源，不考虑或较少考虑社区居民利益）的双重身份，易使代表公共政策的制定者和执行者的政府为追求政府利益而出现偏离甚至背离公共利益的行为。政府利益的二重性和隐蔽性的特征使其经常巧妙地将政府利益内化为公共利益，导致对明显有失公平的分配方案视而不见，使居民被排斥在参与旅游决策和利益分配之外，甚至是利用强制力量对居民的不满进行镇压和打击，使矛盾进一步激化。而开发商以追求经济利益最大化为目标[179-182]，为了获得高额的利润回报，不可避免地会衍生出对环境、资源的破坏以及透支使用的问题。因此，需要建立有效的监督机制，加强对政府和开发商行为的监督和约束，防止它们滥用职权或凭借对资源使用的优势而导致对村寨居民利益的侵害行为和旅游开发与发展中的不公平和不公正的违法行为的发生，并为社区旅游发展创造一种和谐的氛围。

7.6.8　建立有效的沟通协调平台

民族村寨社区旅游涉及政府、开发商、社区居民等众多的利益相关者，而权力大小和能力强弱决定了在旅游利益分配以及补偿中的份额多少，因此在"权力场"和"利益场"中的地位不平等导致了利益格局失衡的问题（当地社区和村民不能公平分享旅游收益和利益受损得不到补偿）。各利益主体利益诉求的多元化和自利倾向必然导致对其他利益相关者合法利益的忽略甚至是损害。旅游经济的可持续发展需要满足多元相关利益主体的不同利益需要，否则必然会使受损的利益主体产生消极抵触情绪，阻碍旅游发展。因此这就需要以政府为主导，建立多元利益主体参与的沟通协调平台，使各利益相关者都能在一个平等和谐的氛围中充分表达自己的心声、意愿和建议，这样才能使制订出的旅游规划方案和收益分配等能更合理和更公平。

7.7　本章小结

本章主要内容包括以下五部分：①分析了控制变量（包括性别、居住地、年龄、教育背景、在本地居住时间、家庭中从事旅游业的人数、家庭人均月收入、家庭收入来源、与旅游业的关系）对社区旅游居民满意度的影响情况。研究发现：居住地、居民与旅游业的关系对居民社区旅游满意度无显著影响。虽然居民性别、年龄、教育背景、居住时间对居民社区旅游满意度有显著影响，但这些主要是人口统计学指标，很难从政策层面上进行提升，所以不是本书研究的重点。家庭收入来源、家庭人均月收入以及家庭中从事旅游业的人数，对居民满意度有显著的影响，因此提升路径中，需要扩大居民参与旅游经营管理的能力和机会，从而提升居民满意度。②对本书提出的结构方程模型和假设关系进行了验证，结果表明所有假设均成立，结构方程模型合理。这与本书在研究过程中向专家、学者进行充分的咨询，并进行大量文献研究以及实地访谈分不开。③对社区参与、旅游影响和感知公平的中介传导作用进行了分析。④对旅游增权、社区参与、旅游影响、感知公平和居民满意度五大维度进行了影响效果分析，结果表明：旅游增权对居民满意度的总影响效果最大，是影响居民满意度最重要的因素。⑤为了深入分析和掌握影响民族村寨社区旅游居民满意度的各维度以及各题项的具体情况，对各维度及其子维度的题项在细分基础上进行了分析，并提出了具有针对性的提升路径。

第8章　研究的结论及展望

本书以民族村寨社区旅游中居民与政府或开发商之间的矛盾冲突为切入点，以旅游增权理论、社区参与理论、社会交换理论和公平理论为基础，构建了以旅游增权为自变量、社区参与、旅游影响和感知公平为中介变量，居民满意度为因变量的民族村寨社区旅游居民满意度的结构方程模型，并借助统计软件对假设关系进行了验证。同时，根据研究结果提出了提升民族村寨社区旅游居民满意度的路径。在本章中将首先对本书的结论进行总结，其次对本书中的局限性和不足进行分析，最后对未来研究进行展望。

8.1　主要研究结论

本书的核心是针对民族村寨社区旅游中出现的，因社区居民权益被侵占、被剥夺而引发的居民与当地政府或开发商之间激烈的矛盾冲突问题，找寻影响民族村寨社区旅游居民满意度的影响要素。在充分的理论支撑和深入的居民访谈基础上，构建了民族村寨社区旅游居民满意度结构方程模型并进行了实证研究。通过相关分析，本书得出了以下主要结论。

8.1.1　开发出民族村寨社区旅游居民满意度测量量表

本书在文献研究和对居民深层访谈的基础上，开发了符合我国实际情况的民族村寨社区旅游居民满意度测量量表，并利用 SPSS 20.0 和 AMOS 20.0 软件对量表进行了系统的统计分析与修正检验，最终确立了一个由 33 个测量题项构成，包括旅游增权、社区参与、旅游影响、感知公平、居民满意度 5 个维度的正式量表。同时构建了基于上述 5 个变量在内的自变量、中介变量和因变量之间相互关系的结构方程模型。根据所开发出的民族村寨社区旅游居民满意度测量量表，在桃坪羌寨和甲居藏寨进行了问卷调查。结果分析发现：所开发和建立的民族村寨社区旅游居民满意度测量量表及模型在理论层面上基本科学和合理，在实践层面上具有较强的操作性与可行性，实现了对民族村寨社区旅游居民满意度从定性到定量研究的深化。

8.1.2 探明了潜变量之间的内在影响机理

研究发现：旅游增权、社区参与、旅游影响、感知公平是影响民族村寨社区旅游居民满意度的几个重要指标变量。旅游增权、社区参与、感知公平、旅游影响与居民满意度之间存在显著的正相关关系。在几个重要的影响因素中，感知公平对居民满意度的直接影响效果值最大，而旅游增权对居民满意度的总影响效果值最大。这说明民族村寨当地居民已经普遍感受并关注到社区旅游发展中权力和利益分配不公平、不公正、不均衡的问题。民族村寨社区居民能否公平享受到旅游发展带来的各种权益问题，已经成为引发村寨居民与当地政府或开发商矛盾冲突的关键。民族村寨社区旅游的可持续发展必须立足于公平的基础上，对政府、开发商和居民在社区旅游中的权益进行分配。如果不能彻底解决村寨居民在权力结构中被边缘化、被排斥的现象，那么就不可能提升居民的满意度，同时也就意味着无法实现民族村寨社区旅游的健康有序发展。因此，必须在法律和制度上对居民的权益进行保障。

8.1.3 提出了民族村寨社区旅游居民满意度优化路径

利用均值法对目前民族村寨社区旅游居民满意度现状进行了分析，发现居民满意度的整体感知为"差"。从维度层面看，旅游增权、社区参与、感知公平、居民满意度4个维度上的感知均为"差"，旅游影响的2个子维度旅游积极影响感知为"良"，旅游消极影响感知为"优"。据此，笔者建议民族村寨社区旅游应从建立合理的旅游资源产权制度、实行社区旅游入股合作制度、加强社区能力建设、建立和完善利益诉求机制、用法律制度保障居民的社区参与权、建立有效的监督机制、提高民族村寨社区旅游的发展水平等对策建议，优化民族村寨社区旅游居民满意度的路径，以提升居民社区旅游的满意度。

8.2 研究的局限性与不足

本书聚焦于民族村寨社区旅游居民满意度影响因素研究，在对国内外相关文献以及民族村寨实地调研的基础上揭示了各影响因素对民族村寨社区旅游居民满意度影响的内在机理和逻辑关系。尽管笔者力求做到学术研究的严谨性与科学性，但是囿于时间、人力和财力以及民族村寨调研语言沟通方面的限制，本书在以下几方面还存在不足之处：

8.2.1 结论的普适性有待进一步验证

少数民族地区独特的旅游资源和国家将旅游业定位为战略性支柱产业的目标，使少数民族村寨社区旅游的开发与发展具有广泛性和必然性。本书由于调研的限制只选取了具有典型代表性的四川省境内的民族村寨，即阿坝藏族羌族自治州理县桃坪乡境内的桃坪羌寨和甘孜藏族自治州丹巴县聂呷乡境内的甲居藏寨，而略去了云南、贵州、广西、新疆、湖南、湖北等省份的少数民族村寨。不同区域的不同民族村寨都有其独特的宗教信仰、民族文化、生产生活方式、开发背景与开发模式，因此这种通过一个区域的两个个案作为调研对象进行概括略显不足。另外，由于少数民族地区居民受教育程度普遍偏低，加之调研人员与村寨居民语言沟通方面的障碍使问卷调查中会存在一定的误差。同时，样本数量尚不够大而且样本在被调研村寨的分布也不尽合理，只是对景区内的居民进行了调研而忽略了对距离核心旅游带较远的周边区域的居民调研，因此调研样本的代表性和数量方面都需要不断地完善和改进。

8.2.2 模型构建上有待提升

通过定量方法对民族村寨社区旅游居民满意度进行研究是一个崭新的研究视角。由于居民对旅游开发与发展的认识是一个复杂的心理和生理过程，居民对旅游发展的态度会受到自身从旅游中获利能力、参与旅游发展的能力、旅游发展对家庭关系、邻里关系、旅游发展阶段等众多方面的影响。而本书只是对四川省两个有代表性的、处于旅游发展阶段的民族村寨进行的实证研究。通过截面数据分析了现象背后隐藏的本质问题，没有进行旅游发展不同阶段的动态比较，属于静态研究。但是随着外在条件的改变，社区旅游居民满意度的影响因素在不同时期可能会出现变化，即旅游发展的不同阶段影响居民社区旅游满意度的因素可能是不同的，还有待深入研究，当然这也是所有模型构建研究方面难以避免的问题。

8.2.3 测量指标选取方面有待提升

就民族村寨社区旅游居民满意度测量量表而言，虽然在探索民族村寨社区旅游居民满意度测量量表维度内容时进行了大量文献研究，同时进入景区进行了大量深入的访谈，并用统计软件进行了统计分析和检验，但由于民族村寨社区旅游居民满意度研究课题比较新，可以借鉴的研究成果不多，在非常有限的研究中也是以定性研究为主，尤其是将旅游增权作为一个变量引入结构方程模型进行实证研究尚属首次，因此，在旅游增权指标选取方面没有太多的参考。本书主要是借鉴社区心理学方面的指标，然后依据居民访谈结果，结合研究的村寨情况进行了本土化处理形成的。因此，在旅游增权变量指标选取的全面性以及是否应该进行维度细分方面的处理上略显粗糙，还需要进一步细化与改善。

8.3 未来研究展望

不同类型、不同发展阶段的民族村寨社区旅游居民满意度影响因素和影响效果可能会有所不同。因此，基于一次经验数据进行民族村寨社区旅游居民满意度模型的模拟、构建和验证所得结论的普适性问题还有待于进一步的论证研究。未来研究可以从以下几个方面考虑：

8.3.1 细化模型变量

影响民族村寨社区旅游居民满意度的因素和变量有很多，如居民与游客的关系、居民与旅行社的关系、居民旅游发展预期、居民社区关注程度、社区归属感等，但本书只选用了有较强代表性的 5 个因素和变量进行建模。在今后的研究中可以将影响民族村寨社区旅游居民满意度的因素进一步细化。同时在建立模型时，尽可能多地将相关影响变量以及大部分的误差项变量考虑进去，因此本书提出的民族村寨社区旅游居民满意度模型在理论层面上还有待于进一步深入探讨。特别是要加强用此模型对省外其他区域内的民族村寨社区旅游居民满意度进行测评，同时对本书得出的量化结论进行验证也是未来研究的重点。

8.3.2 加强横向比较研究力度

今后应加强对跨地区、跨文化的多民族不同开发模式的民族村寨社区旅游的对比研究。我国幅员辽阔，少数民族较多，不同民族、不同发展政策和民族村寨的发展水平均存在一定的差异。因此，居民对社区旅游发展的满意度也必然存在差异。未来的研究，一方面可以选择其他的案例地和样本地，增加样本的代表性并进行不同民族村寨社区旅游居民满意度的差异对比与综合分析，进行系统的、多方位比较研究；另一方面，提高问卷设计的合理性，尽可能减少测量误差并增大样本数量以提高样本的代表性。这也是今后需要不断完善和改进的重要内容。

8.3.3　加强多学科研究方法的运用

民族村寨社区旅游发展中引发的居民与政府或开发商之间的矛盾与冲突是一个具有普遍性的民生问题和社会问题。想要对民族地区旅游发展出现的矛盾与纠纷进行正确认识、积极预防和有效治理，就应采用社会学、政治学、法学、经济学、管理学和心理学等众多学科的知识和方法。因此，未来对于民族村寨社区旅游居民满意度的研究应加强多学科的联系与互动，从而为更好地推动民族地区旅游的可持续发展提供借鉴与参考。

参考文献

［1］JOPPE M. Sustainable community tourism development revisited ［J］. Tourism Management，1996，17（7）：475-479.

［2］程怡. 基于居民感知视角的都市社区旅游影响研究：以上海老街为例 ［D］. 上海：华东师范大学，2007.

［3］庞树奇，蒋雅蓉. 普通社会学概论 ［M］. 北京：中国城市经济社会出版社，1989：112-113.

［4］宋林飞. 现代社会学 ［M］. 上海：上海人民出版社，1987：43-45.

［5］漆明亮，李春艳. 旅游扶贫中的社区参与及其意义 ［J］. 中国水运，2007（6）：212-213.

［6］刘旺. 民族社区旅游发展的困境：理论阐释与实证分析——以丹巴县甲居藏寨为例 ［J］. 云南师范大学学报，2010（1）：142-147.

［7］高永久，朱军. 试析民族社区的内涵 ［J］. 北方民族大学学报（哲学社会科学版），2010（1）：5-11.

［8］吴丹丹. 偏远地区乡土建筑风貌维护与社区旅游 ［D］. 长沙：湖南大学，2004.

［9］DE KADT. Tourism：passport to development? Perspectives on the social and cultural effects of tourism in developing countries ［M］. New York：Oxford University Press，1979：114.

［10］吴必虎. 区域旅游规划原理 ［M］. 北京：中国旅游出版社，2001：189.

［11］唐顺铁. 旅游目的地的社区化及社区旅游研究 ［J］. 地理研究，1998，17（2）：148.

［12］周玉翠. 欠发达地区社区旅游研究：以湖南省邵阳市为例 ［J］. 地域研究与开发，1999，18（3）：74.

［13］安珣. 面向顾客满意度改进决策的结构方程和影响结构研究 ［D］.

天津：天津大学，2006.

［14］戴维·H. 罗森布鲁姆，罗伯特·S. 克拉夫丘克. 公共行政学：管理、政治和法律的途径［M］. 5 版. 张成福，等译. 北京：中国人民大学出版社，2002：205-207.

［15］RYZIN G，MUZZIO M，IMMERWAHR S. Drivers and consequences of citizen satisfaction：an application of the American customer satisfaction index model to New York city［J］. Public Administration Review，2004，64（3）：331-341.

［16］夏雪皎. 我国城市管理公众满意度模型与实证研究［D］. 杭州：浙江大学，2008.

［17］龚莎莎. 电子政务公众满意度模型构建及测评研究［D］. 成都：电子科技大学，2009.

［18］邓赞洲. 地方政府教育资源配置公众满意度测评研究［D］. 湘潭：湘潭大学，2011.

［19］LADEWING H，MCCANN G. Community satisfaction：theory and measurement［J］. Rural Sociology，1980（45）：110-131.

［20］GERSON，KATHLEEN，ANN STUEVE，et al. Attachment to place：networks and places［M］. New York：the Free Press，1977：225.

［21］WEIDEMANN S，ANDERSON J R. A conceptual framework for residential satisfaction［M］. New York：Home Environments Plenum Press，1985：126-127.

［22］HELLER K，RASMUSSEN B R，COOK J R. The effects of personal and social ties on satisfaction and perceived strain in changing neighborhoods［J］. Journal of Community Psychology，1981（9）：35-44.

［23］BARDO J W，BARDO D J. Re-examination of subjective components of community satisfaction［J］. Journal of Social Psychology，1983（120）：35-43.

［24］GENE L THEODORI. Examining the effects of community satisfaction and attachment on individual well-being［J］. Rural Sociology，2001，66（4）：618.

［25］YORKSTON K M，BAYLOR C R. Satisfaction with communicative participation as defined by adults with multiple sclerosis：a qualitative study［J］. Journal of Communication Disorders，2006（10）：1-19.

［26］单菁菁. 社区归属感与社区满意度［J］. 城市问题，2008（3）：58.

［27］仲长远，部鸣，杨润. 湖北省城乡居民社区生活状况对比调查［J］. 湖北社会科学，2002（1）：30-31.

［28］BARKSY J D. Customer satisfaction in the hotel industry：meaning and measurement ［J］. Hospitality Research Journal, 1992 (8)：141-158.

［29］PARASURAMAN A, ZEITHAML V A, BERRY L L. SERVQUAL：a multiple item scale for measuring customer perceptions of service quality ［J］. Journal of Retailing, 1988, 8 (14)：412-435.

［30］ALLEN L, LONG P, PERDUE R. Relational patterns between community dimensions and global measures of community satisfaction ［J］. Journal of Rural Studies, 1991, 7 (3)：331-338.

［31］SIRGY M, CORNWELL T. How neighborhood features afect quality of life ［J］. Social Indicators Research, 2002 (59)：79-114.

［32］MARIA PRIETO, GLORIA FERNANDEZ, MARIA JOAO FORJAZ, et al. Residential satisfaction, sense of belonging and loneliness among older adults living in the community and in care facilities ［J］. Health and Place, 2011 (17)：1183-1190.

［33］GURSOY D, RUTHERFORD D. Host attitudes toward tourism：an improved structural model ［J］. Annals of Tourism Research, 2004 (31)：495-516.

［34］左冰. 旅游增权理论本土化研究：云南迪庆案例 ［J］. 旅游科学, 2009, 23 (2)：1-7.

［35］ALMEIDA C, BUZINDE C. Politics of identity and space：representational dynamics ［J］. Journal of Travel Research, 2007, 45 (3), 322-332.

［36］SOFIELD T. Empowerment for sustainable tourism development ［M］. London：Pergamon Press, 2003：87-88.

［37］PAPPAPORT J. The power of empowerment language ［J］. Social Police, 1985 (16)：15-21.

［38］PERSONS R. Empowerment for rude alternatives for low income minority girls：a group girl approach ［M］//Group work with the Poor and Oppressed. New York：Haworth Press, 1989：204.

［39］RAPPAPORT J. Studies in empowerment：introduction to the issue ［J］. Prevention in Human Services, 1984 (3)：1-7.

［40］ZIMMERMAN M A. Taking aim on empowerment research：on the distinction between psychological and individual conceptions ［J］. American Journal of community psychology，1990（18）：169-177．

［41］SWAIN M B. Women producers of ethnic arts ［J］． Annals of Tourism Research，1993，20（1）：32-51．

［42］左冰，保继刚. 从"社区参与"走向"社区增权"：西方"旅游增权"理论研究述评 ［J］． 旅游学刊，2008，23（4）：58-63．

［43］CLARK D. Rural governance，community empowerment and the new institutionalism：a case study of the isle of wight ［J］． Journal of Rural Studies，2006（10）：4．

［44］S UM，K CHON，Y H RO. Antecedents of revisit intention ［J］． Annals of Tourism Research，2006（4）：56-64．

［45］GERAINT HOWELLS. The potential and limits of consumer empowerment by information ［J］． Journal of Law and Society，2005，32（3）：349-370．

［46］蒋艳. 欠发达地区参与旅游发展的思考 ［J］． 安徽农业大学学报（社会科学版），2004，13（3）：19．

［47］DIAMOND. A real trip：eco-tourism destinations that go the extra mile ［J］． the Environmental Magazine Norwalk. 2002，13（4）：38-39．

［48］CEVAT TOSUN. Limits to community participation in the tourism development process in the developing countries ［J］． Toursim Mnaagement. 2001，21（6）：614．

［49］吕星. 云南参与式方法实践者的探索 ［J］． 云南 PAR 工作网通讯，1999（9）：14．

［50］郭瑞香，蒋爱群，何晓军. 参与式理论和参与式农村评估方法在澳援项目中的应用 ［J］． 河北水利，2004（9）：10-11．

［52］SUE MCGREGOR. Sustainable consumer empowerment through critical consumer education：a typology of consumer education approaches ［J］． Intimation Journal of Consumer Studies，2005，29（5）：440．

［53］POTTS T，HARRILL R. Enhancing communities for sustainability：a travel ecology approach ［J］． Tourism Analysis，1998（3）：54-76．

［54］鲁道夫·冯·耶林. 为权利而斗争 ［M］． 郑永流，译. 北京：法律出版社，2007：8-12．

［55］MAUREEN G. REED. Power relations and community：based tourism planning. ［J］． Annals of Tourism Researeh，1997（3）：12-26．

［56］李汉林，李路路. 单位成员的满意度和相对剥夺感：单位组织中依

赖结构的主观层面［J］. 社会学研究，2000（2）：1-17.

［57］孙九霞，保继刚. 从缺失到凸显：社区参与旅游发展研究脉络［J］. 旅游学刊，2006，21（7）：63-68.

［58］陈燕. 公平与效率［M］. 北京：中国社会科学出版社，2007：142.

［59］约翰·罗尔斯. 正义论［M］. 何怀远，何包刚，廖申白，译. 北京：中国社会科学出版社，2009：201.

［60］方雪梅. 基于情绪的公正感研究［D］. 上海：华东师范大学，2009.

［61］OLIVER R，SWAN J E. Consumer perceptions of interpersonal equity and satisfaction in transactions：a field survey approach［J］. Journal of Marketing，1989（53）：21-35.

［62］SEVERT D E. The customer's path to loyalty：a partial test of the relationships of prior experience［J］. Justice and Customer Satisfaction，2002（156）：23-36.

［63］SWAN J E，OLIVER R L. Equity and disconfirmation perceptions as influences on merchant and product satisfaction［J］. Journal of Consumer Research，1989（16）：372-383.

［64］MONTADAL. Justice，equity and fairness in human relations［J］. Personality and Social Psychology，2003（74）：537-568.

［65］AUSTIN W G. Justice，freedom and self-interest in intergroup relations［M］. California：University of California Press，1979：201-203.

［66］SILVIA BAGDADLI. The importance of organizational justice in Promotion decisions［D］. Italian：Italian Ministry of University，2000.

［67］SWEENEY P D，MCFARLIN D B. Workers' evaluations of the ends and the means：an examination of four models of distributive and procedural justice［J］. Organizational Behavior and Human Decision processes，1993（55）：23-40.

［68］谭红娟. 自然遗产地居民旅游发展感知公平研究：以良山为例［D］. 长沙：湖南师范大学，2011.

［69］ARNSTE IN R S. Eight rungs on the ladder of citizen participation1［M］//CAHN S，PASSETTB. Citizen participation：effecting community change. New York：Praeger Publishers，1999：197-198.

［70］KEOGH B. Public participation in community tourism planning［J］. Annals of tourism research，1990（17）：449-465.

[71] 刘德秀，韩仁友，秦远好，等. 三峡库区居民对旅游产业影响的知觉与态度 [J]. 西南农业大学学报（社会科学版），2006, 4 (4)：1-7.

[72] 周纯. 基于社会交换理论的居民个体利益与旅游影响感知关系实证研究：以南京为例 [D]. 上海：复旦大学，2012.

[73] 彭建，王剑. 中外社区参与旅游研究的脉络和进展 [J]. 中央民族大学学报（哲学社会科学版），2012, 39 (3)：133-141.

[74] 刘赵平，旅游对目的地社会文化影响研究结构框架 [J]. 桂林旅游高等专科学校学报，1999, 10 (1)：29-34.

[75] BRENDA S W. Attitudes about a resort area：a comparison of tourists and local retailers [J]. Journal of travel research, 1985, 4 (1)：14-19.

[76] FREDLINE E, FAULKNER B. Host community reactions：a cluster analysis [J]. Annals of tourism research, 2000 (27)：763-784.

[77] PEARCE P L, MOSCARDO G, ROSS G F. Tourism community relationship [M]. Elsevier：Oxofrd, 1996.

[78] JOHN WILLIAMS, ROB LAWSON. Community issues and resident opinions of tourism [J]. Annals of Tourism Research, 2001, 28 (2)：269-290.

[79] DONG-WAN KO, WILLIAM P STEWART. A structural equation model of residents. attitudes for tourism development [J]. Tourism Management, 2002 (23)：521-530.

[80] 许振晓，张捷，曹靖，等. 居民地方感对区域旅游发展支持度影响：以九寨沟旅游核心社区为例 [J]. 地理学报，2009, 64 (6)：736-744.

[81] MURPHY P E. Tourism：a community approach [M]. New York：Routledge, 1985：153 -176.

[82] YOON Y, DOGAN G, CHEN J S. Validating a tourism development theory with structural equation modeling [J]. Tourism Management, 2006, 15 (6)：364-385.

[83] KO D W, STEWART W P. A structural equation model of resident'attitudes for tourism development [J]. Tourism Management, 2002, 23 (5)：512-530.

[84] GURSOY D, RUTHERFORD D G. Host attitudes toward tourism：an improved structural model [J]. Annals of Tourism Research, 2004, 31 (3)：495 -516.

[85] NUNEZ T. Tourism, tradition and acculturation：weekend is moina

mexican village [J]. Southweastern Journal of Anthropozogy, 1963 (21): 347-352.

[86] HAWKINS J. Inverse images: the meaning of culture, ethnicity and family in postcolonial guatemala [M]. Albuquerque: University of New Mexieo Press, 1983: 202.

[87] PIZAM A. Tourism impacts: the social costs to the destination community as perceived by its residents [J]. Journal of Travel Research, 1978, 16 (4): 8-12.

[88] MILMAN A, PIZAM A. Social impacts of tourism on central florida [J]. Annals of Tourism Research, 1988, 15 (2): 191-204.

[89] LIU J C, T VAR. Resident attitudes toward tourism impacts in hawaii [J]. Annals of Tourism Research, 1986, 13 (2): 193-214.

[90] MADRIGAL R. A tale of tourism in two cities [J]. Annals of Tourism Research, 1993, 20 (2): 336-353.

[91] MADRIGAL R. residents perceptions and the role of government [J]. Annals of Tourism Research, 1995, 22 (1): 86-102.

[92] MURPHY P E. Perceptions and preferences of decision-making groups in tourist centers: a guide to planning strategy? [D]. Washington D C: George Washington University, 1980: 355-368.

[93] MURPHY P E. Perceptions and attitudes of decision-making groups in tourism centers [J]. Journal of Travel Research, 1983, 21 (3): 8-12.

[94] PIZAM A, POKELA J. The perceived impacts of casino gambling on a community [J]. Annals of Tourism Research, 1985, 12 (2): 147-165.

[95] TYRRELL T, SPAULDING. A survey of attitudes toward tourism growth in rhode island [J]. Hospitality Education and Research Journal, 1984, 8 (2): 22-33.

[96] PIZAM A, MILMAN A, KING B. The perceptions of tourism employees and their families towards tourism: a cross-cultural comparison [J]. Tourism Management, 1994, 15 (1): 53-61.

[97] 王忠福, 王尔大, 李作志, 等. 影响游客旅游目的地消费水平的因素分析 [J]. 资源与环境, 2008, 18 (5): 105-108.

[98] APJ. Residents perceptions on tourism impacts [J]. Annals of Tourism Research, 1992, 19 (4): 665-690.

[99] UM S, CROMPTON J L. Measuring residents attachment levels in a host

community ［J］. Journal of TravelReseareh, 1987, 26 （1）: 27-29.

［100］LIU J C. Resident attitudes towards tourism impacts in hawaii ［J］. AnnalsOf Tourism Researeh, 1986, 13 （2）: 193-214.

［101］ALLEN L R, LONG P T, PERDUE R R, et al. The impact of tourism development on residents perceptions of community life ［J］. Journal of Travel Researeh, 1988, 26 （1）: 16-21.

［102］SHELDON P J. Resident attitudes to tourism in north wales ［J］. Tourism Management, 1984, 5 （1）: 40-47.

［103］BROUGHAM J E, BUTLER R W. A segmentation analysis of resident attitudes to the social impact of tourism ［J］. Annals of Tourism Researeh, 1981, 8 （4）: 569-589.

［104］保继刚, 孙九霞. 雨崩村社区旅游: 社区参与方式及其增权意义 ［J］. 旅游论坛, 2008 （8）: 58-65.

［105］陈刚. 相关者的关系互动: 以云南泸沽湖畔落水村为例 ［J］. 广西民族大学学报 (哲学社会科学版), 2008 （9）: 74-78.

［106］陈志永, 况志国. 郎德苗寨社区主导旅游发展中的个人理性与集体行动的困境 ［J］. 学术探索, 2009 （6）: 72-79.

［107］陈志永, 杨桂华. 民族贫困地区旅游资源富集区社区主导旅游发展模式的路径选择: 以云南梅里雪山雨崩藏族社区为个案研究 ［J］. 黑龙江民族丛刊, 2009 （2）: 52-63.

［108］蒋娟, 苏智先. 北川小寨子沟地区民族生态旅游经营模式探讨 ［J］. 资源与产业, 2009 （1）: 78-81.

［109］喇明英. 关于四川省泸沽湖旅游景区开发模式的探讨 ［J］. 西南民族大学学报 (人文社科版), 2004 （1）: 365-367.

［110］李锦. 在发展中维护民族文化生态: 对泸沽湖摩梭社区的研究 ［J］. 中南民族大学学报 (人文社会科学版), 2005 （3）: 37-41.

［111］李强, 陈文祥. 少数民族旅游发展中社区自主权的思考: 以泸沽湖为例 ［J］. 贵州民族研究, 2007, （2）: 21-25.

［112］刘旺, 孙璐, 吴明星. 少数民族村寨旅游开发中的 "公地悲剧" 及其对策研究: 以丹巴县甲居藏寨为例 ［J］. 开发研究, 2008 （1）: 125-129.

［113］罗琳. 社区参与式旅游发展模式个案研究: 以四川省北川羌族自治县五龙寨为例 ［J］. 阿坝师范高等专科学校学报, 2007 （2）: 59-62.

［114］孙九霞, 保继刚. 社区参与的旅游人类学研究: 以西双版纳傣族

园为例 [J]. 广西民族学院学报（哲学社会科学版），2004（11）：128-136.

[115] 王林. 乡村旅游社区文化遗产的精英治理：以广西龙脊梯田平安寨村委会选举为例 [J]. 旅游学刊，2009（5）：67-71.

[116] 王向东，孟悦. 四川泸沽湖旅游开发分析及思考 [J]. 西昌学院学报（社会科学版），2005（9）：64-66.

[117] 伍锦昌. 旅游开发与民族文化变迁：以广西龙胜各族自治县龙脊平安壮寨为个案 [D]. 桂林：广西师范大学，2005.

[118] 吴莎. 贵州乡村旅游发展现状分析及对策研究：以典型村寨发展为例 [J]. 贵阳：贵州大学学报，2009（2）：47-54.

[119] 吴忠军，叶晔. 民族社区旅游利益分配与居民参与有效性探讨：以桂林龙胜龙脊梯田景区平安寨为例 [J]. 广西经济管理干部学院学报，2005（3）：51-55.

[120] 杨兴洪. 浅析贵州乡村民族旅游开发：郎德、天龙、中洞模式比较 [J]. 贵州民族研究，2005（4）：56-59.

[121] 余达忠. 上郎德模式：民族社区参与旅游发展的实践与思考 [J]. 凯里学院学报，2008（5）：1-5.

[122] 余平. 走进桃坪羌寨 [J]. 小城镇旅游，2002（6）：72-73.

[123] 张洁. 民族村寨旅游景观系统的开发研究：以云南大槟榔花腰傣村寨为例 [J]. 云南财经大学学报，2007（5）：91-95.

[124] 刘韫. 乡村旅游对民族社区女性的影响研究：四川甲居藏寨景区的调研 [J]. 青海民族研究，2007（10）：30-33.

[125] 王汝辉. 非物质文化遗产在民族村寨旅游开发中的特殊性研究：以四川理县桃坪羌寨为例 [J]. 贵州社会科学，2010（11）：37-40.

[126] 吴忠军，陈仁志. 山区民族经济发展研究：以龙胜县和平乡金竹壮寨为例 [J]. 经济研究导刊，2010（27）：54-55.

[127] 唐晓云，闵庆文. 农业遗产旅游地的文化保护与传承：以广西龙胜龙脊平安寨梯田为例 [J]. 广西师范大学学报（哲学社会科学版），2010（8）：121-124.

[128] 李广宏，张晓东. 社区参与旅游开发管理模式初探：以桂林龙胜龙脊梯田景区为例 [J]. 科技创业，2011（1）：161-163.

[129] 杨桂华. 民族生态旅游接待村多维价值的研究：以香格里拉霞给村为例 [J]. 旅游学刊，2003（4）：76-79.

[130] 何景明. 边远贫困地区民族村寨旅游发展的省思：以贵州西江千

户苗寨为中心的考察 [J]. 旅游学刊, 2010 (2): 59-65.

[131] 杨柳. 民族旅游发展中的展演机制研究: 以贵州西江千户苗寨为例 [J]. 湖北民族学院学报 (哲学社会科学版), 2010 (4): 39-44.

[132] 史梦薇. 民族旅游开发背景下乡村精英的研究: 以贵阳市花溪区镇山村为个案 [J]. 法制与社会, 2010 (4): 226.

[133] 王汝辉. 民族村寨社区参与旅游发展模式研究: 以桃坪羌寨、甲居藏寨和泸沽湖摩梭社区为例 [D]. 成都: 四川大学, 2009.

[134] PETER J P, CHUREHILL G A. Relationships among research design choices and psycho-metric properties of rating seales: a meta-analysis [J]. Journal of Marketing Research, 1986, 23 (1): 1-10.

[135] CHURCHILL G A, PETER J P. Research design effeetson the reliability of rating scales: a meta-analysis [J]. Journal of Marketing Research, 1984, 21 (4): 360 — 375.

[136] 薛薇. SPSS 统计分析方法及应用 [M]. 2 版. 北京: 电子工业出版社, 2009: 214-215.

[137] MILLER G A. The magie number seven, plusorminus two: some limits on our capacity for processing in formation [J]. Psychologieal Review, 1956, 63 (2): 81-97.

[138] COX I. The optimal number of response alternatives for a scale: a review [J]. Journal of Marketing Researeh, 1980, 17 (4): 407-422.

[139] 吴明隆. SPSS 统计应用实务: 问卷分析语应用统计 [M]. 北京: 科技出版社, 2003: 103-105.

[140] 钟洁. 基于游客体验质量的民族村寨旅游产品优化研究 [D]. 成都: 四川大学, 2011.

[141] 吴明隆. 问卷统计分析实务: SPSS 操作与应用 [M]. 重庆: 重庆大学出版社, 2009: 78.

[142] 赵艳林. 民族村寨游客感知服务质量对其行为意愿的影响研究 [D]. 成都: 四川大学, 2012.

[143] NUNNALLY J. Psychometric theory [M]. New York: McGraw-Hill Book Company, 1978: 156.

[144] NUNNALLY J, BERNSTEIN L. Psyehometric theory [M]. 3rd. New York: MeGraw-Hill. Inc., 1994: 203-204.

[145] CHURCHILL G A, A paradigm for developing better measures of

marketing constructs [J]. Journal of Marketing Researeh, 1979, 16 (1): 64-73.

[146] 王忠福. 旅游目的地居民旅游感知影响因素研究 [D]. 大连: 大连理工大学, 2009.

[147] PERACCCHIOP L A. TYBOUT A M. The moderating role of prior knowledge in sehem-based product evaluation [J]. Journal of Consumer Research, 1996 (23): 142-158.

[148] BENTLER P M, CHOU C P. Praetieal issues in struetural modeling [J]. Sociologieal Methods Research, 1987, 16 (1): 78-117.

[149] 侯杰泰, 温忠麟, 成子娟. 结构方程模型及其应用 [M]. 北京: 教育科学出版社, 2008: 115.

[150] 荣泰生. 企业研究方法 [M]. 北京: 中国税务出版社, 2005: 197-199.

[151] 杨静. 供应链内企业间信任的产生机制及其对合作的影响: 基于制造业企业的研究 [D]. 杭州: 浙江大学, 2006.

[152] 杨志蓉. 团队快速信任、互动行为与团队创造力研究 [D]. 杭州: 浙江大学, 2006.

[153] 马庆国. 管理统计 [M]. 北京: 科学出版社, 2002: 142-144.

[154] 王立生. 社会资本、吸收能力对知识获取和创新绩效的影响研究 [D]. 杭州: 浙江大学, 2007.

[155] 吴明隆. 结构方程模型 [M]. 重庆: 重庆大学出版社, 2010: 82-83.

[156] BOLLEN K A. A new incremental fit index for general structural equation models [J]. Soci-Ological Methods & Research, 1989, 17 (3): 303-316.

[157] APJ. Residents perceptions on tourism impacts [J]. Annals of Tourism Research, 1992, 19 (4): 665-690.

[158] MACBETH J. Dissonance and paradox in tourism planning: People first? [J]. ANZALS Research Series, 1994 (3): 2-18.

[159] 岳坤. 旅游与传统文化的现代生存: 以泸沽湖畔落水下村为例 [J]. 民俗研究, 2003 (4): 114-128.

[160] 柯武刚, 史曼飞. 制度经济学: 社会秩序与公共政策. [M]. 北京: 商务印书馆, 2000: 102-103.

[161] 王宁. 消费者增权还是消费者去权 [J]. 中山大学学报 (社会科学版), 2006, 46 (6): 100-106.

［162］OLSON M. Power and prosperity: outgrowing communist and capitalist dictatorships ［M］. New York: Basic Books, 2000: 104.

［163］OSTROM E. Governing the commons: the evolution of the institutions for collective action cambridge ［M］. UK: Cambridge University Press, 1990: 202-203.

［164］HEALY R G. The "common pool" problem in tourism landscape ［J］. Annals of Tourism Research, 1994, 18 (2): 214-231.

［165］DEMSETZ H. Some aspects of property rights ［J］. Journal of Law and Economics, 1996, 24 (9): 396-405.

［166］道格拉斯·诺斯. 制度、制度变迁与经济绩效 ［M］. 杭行, 译. 上海: 上海三联书店, 2008: 213-215.

［167］MILLAR C, AIKEN D. Conflict resolution in aquaculture: cold water aquaculture in atl-antic canada ［M］. Moncton: New Brunswick Press, 1995: 89.

［168］WILKINSON P, PRATIW W. Gender and tourism in an indonesian village ［J］. Annals of Tourism Research, 1995 (22): 283-299.

［169］胡鞍钢, 胡联合. 贫富差距是如何影响社会稳定的 ［J］. 江西社会科学, 2007 (9): 144.

［170］张兆端. 和谐社会背景下的稳定观 ［J］. 人民公安报, 2005 (5): 64-68.

［171］SMITH L G. Public participation in policy making: the state-of-the-art in Canada ［J］. Geoforum, 1984, 15 (2): 253-259

［172］CANNOVES G, VILLARINO M, PRIESTLY G K, et al. Rural tourism in spain: an analysis of recent evolution ［J］. Geoforum, 2004 (35): 755-769.

［173］DEAIAUJO L M, BRAMWELL B. Partnership and regional tourism in brazil ［J］. Annals of Tourism Research, 2002, 29 (4): 1138-1164.

［174］FALLON L D, KRIWOKEN L K. Community involvement in tourism infrastructure: the case of the strahan vistorcentre, tasmania ［J］. Tourism Management, 2003 (24): 289-308.

［175］JAMAL T B, GETZ D. Collaboration theory and community tourism planning ［J］. Annals of Tourism Research, 1995, 22 (1): 186-204.

［176］CEVAT TOSUN. Limits to community participation in the tourism development process in developing contries ［J］. Tourism Management, 2000, 21 (6):

613-633.

[177] DONALDSON T, PRESTON L. The stakeholder theory of the corpo-
ration: concepts, evidence and implications [J]. Aeademy of ManagementRevie,
1995 (20): 65-91.

[178] RYAN C. Equity, management, power sharing and sustainability:
issue of "new tourism" [J]. Tourism Management, 2002, 23 (1): 17-26.

[179] KENNETH E. Goodpaster business ethics and stakeholder analysis [J]
Business Ethics Quarterly, 1991 (1): 53-73.

[180] CLARKSON E. A stakeholder framework for analyzing and evaluating
corporate social performance [J] Academy of Management Review, 1995 (20):
92-119.

[181] BERNADETTE M, MURALIDHAR KRISHNAMURTY, BROWN
ROBERT M, et al. An empirical investigation of the relationship between change in
corporate social performance and financial performance: a stakeholder theory
perspective [J]. Journal of Business Ethics, 2001 (3): 143-156.

[182] THOMAS DONALDSON, LEE PRESTON. The stakeholder theory of
the corporation: concept, evidence, implications [J] Academy of Management
Review, 1995 (1): 65-91.

附 录

附录一：探索性问卷

调查时间：　　　　　　　调查地点：　　　　　　　问卷编号：

尊敬的居民朋友：

　　您好，首先非常感谢您的参与和配合！我们是古村落研究课题组，正在从事<u>民族村寨社区旅游居民满意度</u>课题研究。因课题需要进行数据调查和分析，课题组成员来到贵地进行问卷调研，恳请您在百忙之中抽出大约 8 分钟的时间帮助我们填写完该份调查问卷。问卷均采取不记名方式，您的回答也无对错之分，您的真实作答就是对我们研究的莫大帮助。您所填写的数据资料只作学术研究之用，同时对您所提供的所有信息都予以严格保密，保证不会给您的工作与生活带来任何不利的影响。您在填写问卷的过程中，如果有任何疑问请随时提出，再次对您的合作和所付出的宝贵时间表示感谢。

古村落研究课题组

第一部分　您的基本资料：（不涉及个人隐私，请在相应信息选项的"□"中打"√"）

1. 性别：□男　　　　□女
2. 您是否为原住民：□本地　　□外地
3. 您的年龄：
　　□18 岁及以下　　　□19～24 岁　　　□25～45 岁
　　□46～59 岁　　　　□60 岁及以上

4. 您的教育背景是：

　　□初中及以下　　　　□中专或高中　　　□大专及以上

5. 您的家庭从事旅游的人数是：

　　□0 人　　　　□1 人　　　　□2 人　　　　□3 人　　　　□4 人及以上

6. 您在本地居住的时间是：

　　□5 年以下　　□5～10 年　　□11～20 年　□21～30 年　□30 年以上

7. 您家庭的人均月收入（包括所有经济来源）：

　　□1 000 元及以下　　　　□1 001～2 000 元

　　□2 001～3 000 元　　　　□3 000 元以上

8. 您家庭的收入来源：

　　□全靠务农　　　　　　　□务农为主，旅游为辅

　　□旅游为主，务农为辅　　□全靠旅游，几乎没有农业收入

　　□其他

9. 您与旅游业的关系：

　　□本人直接从事旅游业　　□家中有人直接从事旅游业　　□其他

温馨提示：以下第一部分至第四部分的每个问题有 7 个选项：①完全不同意；②不同意；③有点不同意；④不确定；⑤有点同意；⑥同意；⑦完全同意。请根据您的实际情况对下列问题进行相应的选择，并在相应的数字上打（√）。

第二部分：评价社区旅游增权状况

Q1 有保障居民监督、控制旅游开发的机制	①	②	③	④	⑤	⑥	⑦
Q2 旅游收入分配有相应制度规范	①	②	③	④	⑤	⑥	⑦
Q3 有规范的居民维权制度	①	②	③	④	⑤	⑥	⑦
Q4 有规范和约束开发商或政府管理部门行为的制度	①	②	③	④	⑤	⑥	⑦
Q5 有平衡旅游利益主体权利和义务的制度安排	①	②	③	④	⑤	⑥	⑦
Q6 有保障居民自由使用社区资源从事农林矿牧渔业的制度	①	②	③	④	⑤	⑥	⑦
Q7 有保障社区居民优先参与本地旅游开发、管理和项目建设的规章制度	①	②	③	④	⑤	⑥	⑦

第三部分：评价居民社区参与状况

Q8 居民有权参与旅游决策的制定	①	②	③	④	⑤	⑥	⑦
Q9 居民有权决定有关旅游规划问题	①	②	③	④	⑤	⑥	⑦
Q10 居民有权参与社区旅游的日常管理	①	②	③	④	⑤	⑥	⑦
Q11 居民有权避免旅游的好工作全部被外来者拥有	①	②	③	④	⑤	⑥	⑦
Q12 居民有参与旅游管理的意识	①	②	③	④	⑤	⑥	⑦
Q13 居民能和投资者实现利益共享	①	②	③	④	⑤	⑥	⑦

第四部分：评价旅游影响状况

A 旅游积极影响

Q14 旅游发展改善了本地外观和公共服务设施	①	②	③	④	⑤	⑥	⑦
Q15 旅游发展给居民带来了新的工作机会	①	②	③	④	⑤	⑥	⑦
Q16 旅游发展提高了本地居民的个人或家庭收入	①	②	③	④	⑤	⑥	⑦
Q17 旅游发展促进了本地居民思想观念的更新或进步	①	②	③	④	⑤	⑥	⑦
Q18 旅游发展有利于当地文化的挖掘和发展	①	②	③	④	⑤	⑥	⑦

B 旅游消极影响

Q19 旅游发展引起了本地的物价上涨	①	②	③	④	⑤	⑥	⑦
Q20 旅游发展只使少数人获益	①	②	③	④	⑤	⑥	⑦
Q21 旅游发展造成了居民邻里关系恶化	①	②	③	④	⑤	⑥	⑦
Q22 旅游发展使本地环境污染（水、空气、噪音、垃圾等）加重	①	②	③	④	⑤	⑥	⑦

第五部分：评价感知公平状况

A 结果公平现状

Q23 失去了原有房屋或土地的居民得到了政府合理经济补偿	① ② ③ ④ ⑤ ⑥ ⑦
Q24 我得到的旅游经济收益与我为旅游发展所做贡献相吻合	① ② ③ ④ ⑤ ⑥ ⑦
Q25 居民旅游收益提成会随着社区旅游的发展而增加	① ② ③ ④ ⑤ ⑥ ⑦
Q26 游收益分配方案能够代表大多数居民的意愿	① ② ③ ④ ⑤ ⑥ ⑦
Q27 我和身边的人都有机会接受旅游行业就业技能培训	① ② ③ ④ ⑤ ⑥ ⑦

B 程序公平现状

Q28 我可以通过正式渠道表达我对旅游收益分配问题的看法或感受	① ② ③ ④ ⑤ ⑥ ⑦
Q29 地方政府对损害居民权益行为的处理是及时有效的	① ② ③ ④ ⑤ ⑥ ⑦
Q30 居民感觉有失公平的决定有正规的质疑程序	① ② ③ ④ ⑤ ⑥ ⑦

C 交互公平现状

Q31 我愿意与政府工作人员打交道，因为他们友好礼貌，诚实可信	① ② ③ ④ ⑤ ⑥ ⑦
Q32 政府或开发商让我知道景区运行和年度红利情况	① ② ③ ④ ⑤ ⑥ ⑦
Q33 政府工作人员尊重和重视我们反映的问题	① ② ③ ④ ⑤ ⑥ ⑦

第六部分：评价居民满意度的状况

温馨提示：在这部分中，每个问题有 7 个选项：①极低；②很低；③较低；④一般；⑤较高；⑥很高；⑦极高。请根据您的实际情况对下列问题进行相应的选择，并在相应的数字上打（√）。

Q34 与期望中的旅游发展相比较，居民对本地旅游发展的满意度	①	②	③	④	⑤	⑥	⑦
Q35 与其他邻近村寨相比较，居民对本地旅游发展的满意度	①	②	③	④	⑤	⑥	⑦
Q36 居民对旅游发展的总体满意度	①	②	③	④	⑤	⑥	⑦

问卷至此结束，衷心感谢您的支持！

烦请您再次检查是否已经填答了所有题目，再次感谢您的帮助！

附录二：正式调查问卷

调查时间：　　　　　　　调查地点：　　　　　　　问卷编号：

民族村寨社区旅游居民满意度调查问卷

尊敬的居民朋友：

您好，首先非常感谢您的参与和配合！我们是古村落研究课题组，正在从事民族村寨社区旅游居民满意度课题研究。因课题需要进行数据调查和分析，课题组成员来到贵地进行问卷调研，恳请您在百忙之中抽出大约 8 分钟的时间帮助我们填写完该份调查问卷。问卷均采取不记名方式，您的回答也无对错之分，您的真实作答就是对我们研究的莫大帮助。您所填写的数据资料只作学术研究之用，同时对您所提供的所有信息都予以严格保密，保证不会给您的工作与生活带来任何不利的影响。您在填写问卷的过程中，如果有任何疑问请随时提出，再次对您的合作和所付出的宝贵时间表示感谢。

古村落研究课题组

第一部分　您的基本资料：（不涉及个人隐私，请在相应信息选项的"□"中打"√"）

1. 性别：□男　□女
2. 您是否为原住民：□本地　　□外地
3. 您的年龄：

□18 岁及以下　　　　□19～24 岁　　　□25～45 岁　　　□46～59 岁
　　□60 岁及以上

　4. 您的教育背景是：
　　□初中及以下　　　　□中专或高中　　□大专及以上

　5. 您的家庭从事旅游的人数是：
　　□0 人　　　　□1 人　　　　□2 人　　　　□3 人　　　　□4 人及以上

　6. 您在本地居住的时间是：
　　□5 年以下　　□5～10 年　　□11～20 年　□21～30 年　□30 年以上

　7. 您家庭的人均月收入（包括所有经济来源）：
　　□1 000 元及以下　　　　　□1 001～2 000 元
　　□2 001～3 000 元　　　　　□3 000 元以上

　8. 您家庭的收入来源：
　　□全靠务农　　　　　　　　□务农为主，旅游为辅
　　□旅游为主，务农为辅　　　□全靠旅游，几乎没有农业收入
　　□其他

　9. 您与旅游业的关系：
　　□本人直接从事旅游业　　□家中有人直接从事旅游业　　□其他

温馨提示：以下第一部分至第四部分的每个问题有 7 个选项：①完全不同意；②不同意；③有点不同意；④不确定；⑤有点同意；⑥同意；⑦完全同意。请根据您的实际情况对下列问题进行相应的选择，并在相应的数字上打（√）。

第二部分：评价社区旅游增权状况

Q1 有保障居民监督、控制旅游开发的机制	①	②	③	④	⑤	⑥	⑦
Q2 旅游收入分配有相应制度规范	①	②	③	④	⑤	⑥	⑦
Q3 有规范和约束开发商或政府管理部门行为的制度	①	②	③	④	⑤	⑥	⑦
Q4 有平衡旅游利益主体权利和义务的制度安排	①	②	③	④	⑤	⑥	⑦
Q5 有保障居民自由使用社区资源从事农林矿牧渔业的制度	①	②	③	④	⑤	⑥	⑦

| Q6 有保障社区居民优先参与本地旅游开发、管理和项目建设的规章制度 | ① | ② | ③ | ④ | ⑤ | ⑥ | ⑦ |

第三部分：评价居民社区参与状况

Q7 居民有权参与旅游决策的制定	①	②	③	④	⑤	⑥	⑦
Q8 居民有权决定有关旅游规划问题	①	②	③	④	⑤	⑥	⑦
Q9 居民有权参与社区旅游的日常管理	①	②	③	④	⑤	⑥	⑦
Q10 居民有权避免旅游的好工作全部被外来者拥有	①	②	③	④	⑤	⑥	⑦
Q11 居民有参与旅游管理的意识	①	②	③	④	⑤	⑥	⑦
Q12 居民能和投资者实现利益共享	①	②	③	④	⑤	⑥	⑦

第四部分：评价旅游影响状况

A 旅游积极影响

Q13 旅游发展改善了本地外观和公共服务设施	①	②	③	④	⑤	⑥	⑦
Q14 旅游发展给居民带来了新的工作机会	①	②	③	④	⑤	⑥	⑦
Q15 旅游发展提高了本地居民的个人或家庭收入	①	②	③	④	⑤	⑥	⑦
Q16 旅游发展有利于当地文化的挖掘和发展	①	②	③	④	⑤	⑥	⑦

B 旅游消极影响

Q17 旅游发展引起了本地的物价上涨	①	②	③	④	⑤	⑥	⑦
Q18 旅游发展只使少数人获益	①	②	③	④	⑤	⑥	⑦
Q19 旅游发展造成了居民邻里关系恶化	①	②	③	④	⑤	⑥	⑦
Q20 旅游发展使本地环境污染（水、空气、噪音、垃圾等）加重	①	②	③	④	⑤	⑥	⑦

第五部分：评价感知公平状况

A 结果公平现状

Q21 失去了原有房屋或土地的居民得到了政府合理经济补偿　①　②　③　④　⑤　⑥　⑦

Q22 我得到的旅游经济收益与我为旅游发展所做贡献相吻合　①　②　③　④　⑤　⑥　⑦

Q23 居民旅游收益提成会随着社区旅游的发展而增加　①　②　③　④　⑤　⑥　⑦

Q24 游收益分配方案能够代表大多数居民的意愿　①　②　③　④　⑤　⑥　⑦

B 程序公平现状

Q25 我可以通过正式渠道表达我对旅游收益分配问题的看法或感受　①　②　③　④　⑤　⑥　⑦

Q26 地方政府对损害居民权益行为的处理是及时有效的　①　②　③　④　⑤　⑥　⑦

Q27 居民感觉有失公平的决定有正规的质疑程序　①　②　③　④　⑤　⑥　⑦

C 交互公平现状

Q28 我愿意与政府工作人员打交道，因为他们友好礼貌，诚实可信　①　②　③　④　⑤　⑥　⑦

Q29 政府或开发商让我知道景区运行和年度红利情况　①　②　③　④　⑤　⑥　⑦

Q30 政府工作人员尊重和重视我们反映的问题　①　②　③　④　⑤　⑥　⑦

第六部分：评价居民满意度的状况

温馨提示：在这部分中，每个问题有 7 个选项：①极低；②很低；③较低；④一般；⑤较高；⑥很高；⑦极高。请根据您的实际情况对下列问题进行相应的选择，并在相应的数字上打（√）。

Q34 与期望中的旅游发展相比较，居民对本地旅游发展的满意度	①	②	③	④	⑤	⑥	⑦
Q35 与其他邻近村寨相比较，居民对本地旅游发展的满意度	①	②	③	④	⑤	⑥	⑦
Q36 居民对旅游发展的总体满意度	①	②	③	④	⑤	⑥	⑦

问卷至此结束，衷心感谢您的支持！

烦请您再次检查是否已经填答了所有题目，再次感谢您的帮助！